DJあおい / つぼゆり

こじらせすぎには要注意…

DJあおい×イラストレーター つぼゆりの

発酵女子カルテ

SHUFUNOTOMOSHA

はじめに

「DJあおい」とイラストレーター「つぼゆり」の出会いは2015年2月。とある企画で出会った2人は〝最近は生き方に不器用な現代女子が増えている…どうにかして救ってあげたい!〟と共感し、恋愛や人生に不器用な女子たちに向けてアドバイスを送るウェブ連載を開始することになった。企画の内容は、大人気恋愛アドバイザー「DJあおい」が迷える女子に手を差しのべ、リアルなタッチが得意のイラストレーター「つぼゆり」が読者が共感するシチュエーションを描く。

そうして無事に始まった恋愛&人生アドバイス連載だったが、どんどんただの悪口暴露大会になり「DJあおい」は救いの手を差しのべず発酵女子をぶった斬り始め、「つぼゆり」は無意識でブスを殴り描くようになった。そんな2人の身勝手さがなぜか大人気企画となり、このたびこうして出版する運びとなったのであった。

あ「人生なにが起こるかわかんないわよね」
つ「いや、ホントに」

【発酵女子《はっこうじょし》】とは

【ある特定の人物や周囲からよく見られたい願望を表に出せず、考えあぐねている間に自らの中で発酵させてしまった女子のこと。ストレートな感情表現を苦手とし、周囲に向けて屈折したなんらかの自己アピールを送り続ける】

活用形

はじょ・る

【発酵女子《ハジョ》る】
コンプレックスを発動し、面倒くさい発酵女子になりさがるさま。

活用例
「合コンのときだけ、ハジョんのやめてよね」
「最近ハジョりすぎてて彼氏できる気がしない」
「どうせハジョるんなら、おまえも道連れだかんな」

関連語

はじょれなりん

【ハジョレナリン】
キラキラと輝いている現実を見せつけられたときに分泌されるコンプレックスホルモン。過剰に分泌されると本当に発酵女子になる。

活用例
「あいつ、私にないものばっかり持っててマジでハジョレナリン出そう」

はじょ・ぎ

【発酵女子《ハジョ》着】
コンプレックスがうまく隠れる服のこと。サイズやフォルム、カラーなどコンプレックスの種類により異なる。

活用例
「買い物行っても結局ハジョ着しか買わない自分のクソさ」
「やせた〜い、今年こそハジョ着は卒業した〜い」

CONTENTS

目次

こぼれネタ

発酵男子カルテ

あとがき

イベントを楽しんでいる自分が大好き

ドコデモ行列女子

DJあおい×イラストレーター ツボユリの 発酵女子診療録 NO.001

ドコデモ行列女子あるあるある

並んで手に入れてもすぐに興味がなくなるので結局は放置

結局、並ぶものはなんだっていいのよ。

いるいる〜！　このタイプは**根本的に暇人！**　1〜2時間並ぶのだって余裕。新しいものを誰より先にチャレンジしたい！　知りたい！　という欲求で常に動いています。

あ『**こだわりがないの**よね』

つ「そうですか？　スゴいこだわりがありそうに見えますが…」

あ『ないない。**並ぶものほどどうだっていいもの**だったりすんのよ』

つ「じゃあなんでそんなに必死になって並ぶんでしょう？」

あ『常に何かを祭りたいのよね。盛り上がりたいし、盛り上げたい。お祭りであればなんだっていいのよ。内容がつまらないものでも関係ないの』

つ「なるほど」

あ『文化祭とかでわれ先に盛り上がるタイプだよね。でも肝心な運営とかは興味ない』

つ「うわ〜、いますねそういうの。そういうのいるわ」

あ『みんなと一緒にワイワイしてんのが安心すんのよね。**要するに量産型**』

つ「量産型…！」

あ『メイクもファッションも、みんな同じ。**同じ工場で生産されたロボ感**』

つ「確かに、行列に並んでる人って個性がある感じはしないかも」

あ『でも社会的にはとても重要な人種…ロボなのよね』

つ「ロボかよ」

あ『商売をする側からしたら、こんな便利な消費者、利用しない手はない』

つ「うおお、社会、こえ～!!」

あ『このタイプが好きになる男性ってめちゃくちゃわかりやすいわよ』

つ「どんな男性なんですか？」

あ『モテてる人』

つ「え？　やさしい、とか面白いとかじゃなくて？」

あ『うん。単純にみんなにモテてる人』

つ「要するに誰でもいいんじゃん…」

あ『そ、だから並ぶのだって**結局なんでもいい**のよ』

つ「熱がないっすな、熱が！！」

あ『自分に熱がないから、そうやって熱のあるところに集まるのかもね。でもその人生は成功はしないよ』

つ「い、いきなり深い…」

あ『成功したいなら今すぐこの教材を…。ここにサインを…』

つ「…？　あ、あかん！　この人も商売の人や！　消費されるぞ！」

今回の助言　真面目に勉強しろ！

あ「悩める“行列女子”のみなさん、あなたを救うのはズバリ“勉強する”ことよ。カップケーキに新しい雑貨屋？　そんなものに並んで浮足立ってる暇があったら勉学に励みなさい！　カップケーキも雑貨屋も、あなたを助けてはくれないわよ。そもそもロボなんだし、ケーキ食えないでしょ」

つ「ロボじゃねえ、ロボじゃねえよ！」

ドコデモ行列女子カルテ
発酵菌名　ロボえもん菌

発酵度数

40%

周辺環境

彼氏	地味な文系
女友達	口癖は「幸せ」
男友達	表参道が好き
姉	服は共用
お父さん	よく一緒に遊ぶ

メンタルバランス

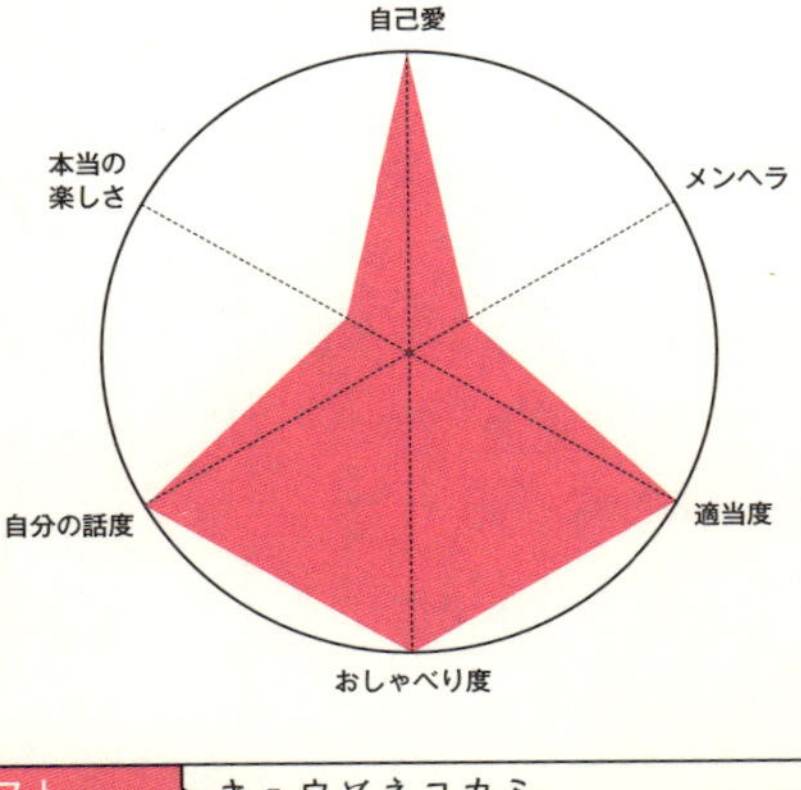
自己愛
メンヘラ
適当度
おしゃべり度
自分の話度
本当の楽しさ

好きなアーティスト	キュウソネコカミ

何はなくともとにかく私を見て！

動画配信女子

観客席からフィールドに立つのはいいことだよ。

いるいる〜！　一般人だけど**毎日自分のなんらかの動画を配信する人**。何かスゴい特技があるわけでもなく、とりあえず自分を配信することに忙しいタイプです。

あ『すげえ根性だな』

つ「最近YOU TUBERとかが人気ですからね、どこで火がつくかわかんないし、自分もとりあえず配信しておこうって感じでしょうか」

あ『本当にメーター振りきってやってる人は格好いいし、カリスマになるのもわかるんだけど、**中途半端にやってると痛々しいよね〜**。何をそんなに見てもらいたいのかね』

つ「人気者になってるような気がするんでしょうね。テレビに出てるみたいな」

あ『一番いけないのは、視聴者が10人、20人しかいないのに〝みんな〜〟とか言ってお鼻が伸びちゃって、そ

いっけなァ〜〜い！
お財布忘れちゃったァ！

のくらいで満足してるパターンね』

つ「もっと上をめざせと!!」

あ『何が〝みんな〜〟だよ、20人くらい名前覚えてやれよ!!』

つ「そっちか!!」

あ『そんでちょっと**人気が落ちるとすぐに脱ぎだす**からな、それか霊感あるとか言いだす』

姉さん、服、服！
服忘れてるよ

つ「うわぁ、自分を模索してる、模索してますね…」

あ『**それが個性だと思い込んでる**』

つ「個性とは、はたして…」

あ『でもやろうとする根性は素晴らしいと思うよ。表現は自由だし。**観客席からフィールドに立つのはいいこと**だよ』

つ「これがフィールド…」

あ『ここから自分の可能性を探っていくんだよ。夢があるよな』

つ「そ、そうか…？」

あ『だって**観客席なら可能性はゼロだけど、フィールドならゼロではない**もの』

つ「それはまぁ…たしかに」

あ『どの世界で頑張るかは知らないけど、何かのきっかけにはなるんじゃない？　ほら、あきらめるきっかけにもなるよ』

つ「コメント辛っ!!」

あ『すべてをあきらめて、観客席に戻ってヤジとばすきっかけにもなるよ』

つ「辛いよ、いちいちコメントが辛いよ!!」

今回の助言 見切りをつけろ！

動画配信女子カルテ

発酵菌名　ルルルルルルル今日もいい天気菌

発酵度数

周辺環境

彼氏	動画アイドルだからつくらない
女友達	りアルにいない
男友達	りアルにいない
妹	会話ない
弟	見て見ぬフリ

メンタルバランス

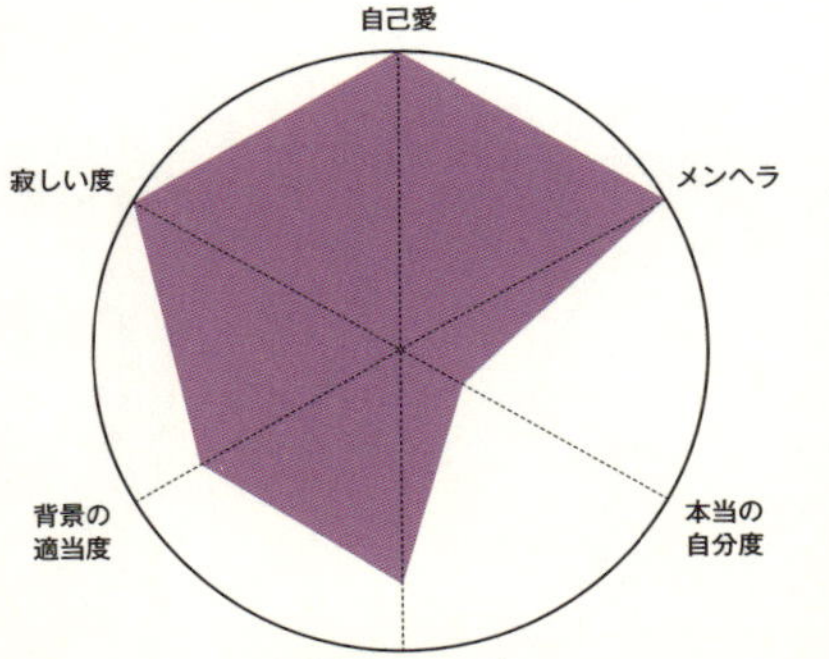

好きなアーティスト	ゴールデンボンバー

継続は力なり

動画配信女子　座右の銘

自分はいつでもどこでも、常に完璧でありたい…

伊達マスク女子

DJあおい 発酵女子 診療録

NO.003

「可愛く見られたい」の先があるんじゃないの？

いるいる～！　このタイプは**風邪や花粉症という具体的な症状が出ているわけではないのにマスクをしている**タイプ。その証拠に**化粧バッチリ&ヘアスタイルバッチリ**だったりします。その発酵度数とは？？

あ『こういうタイプって、季節関係なく年中マスクしてるよね』

つ「そうですよね！　やっぱりマスクをしてるから可愛く見えるんですよね。きっと本人もそれを狙ってると思うんですけど」

あ『可愛く見える…ねぇ。まぁ、観賞物としてはキレイなものがあったほうがうれしいから、いてもいいけどね』

やっぱり
家の中に緑があると癒されるねぇ

つ「じゃあ、あおいさんはこの発酵女子は特に気になりませんか？」

あ『観賞物として見てる場合はね。**彼女の願望が〝顔を可愛く見られたい〟というものだけなんだったらこれでいいと思うけど…**本当にそれだけで満足なの？』

私も…私もいつか
2年B組
出しもの
「シンデレラ」
お城の舞踏会へ行くの！

つ「どういうことですか？」

あ『本当は、**〝可愛く見られたい〟の先に…〝恋愛したい〟がある**んじゃないの？』

あ『ていうか唇って素晴らしいパーツなのに、見せないのもったいないよ。やわらかくてあったかくてピンク色で…**他のどこにもない性的な魅力**があるんだから』

つ「性的な魅力、ですか？」

あ『そう…。ハッ！ そうか、性的な部分を隠す…**マスクって、言わばパンツ!?**』

なんと美しい人だ…どうか僕と1曲…
踊ってはくれませんか？

つ「え…じゃあ普段からマスクしてない人って丸出し状態やん…」

あ『しかもさ、目が大きい人って魅力的じゃん？ これに置き換えると胸の大きい人って魅力的…ほら、これだよこれ！』

つ「え…じゃあ普段からサングラスしてない人って丸出し状態やん…」

あ『ああ言えばこう言う…これだから丸出し女は…。だからさ、伊達マスク女子は心のパンツをはいているんだよ。そして**いつか男がそのマスクをとるもんなんだよ…**うん、そういうロマンのあるものなんだよ』

つ「ツかーーー!! なにさ、あおいさんだって丸出しのくせに!!!!」

あ『…なんでなん？ …なんでつぼゆりすぐ怒ってしまうん？』

つ「節子のフリしたってダメ！ その口の中のおはじき、吐きだしなさい!!」

式マクサ
スプッロド

今回の助言　男の実力をはかれ！

あ「悩める“伊達マスク女子”のみなさん、あなたのつけているマスクは言わば男の実力をはかるバロメーター…。あなたが本当に恋愛をして、自分がオープンになれる男性と出会ったら自然とマスクははずれていくでしょう。いい男と出会えればいいわね」

つ「ありがとうございます!!」

伊達マスク女子カルテ

発酵菌名　私のパンツ菌

発酵度数

45%

周辺環境

項目	内容
彼氏	いい人がいない
女友達	優しい子
男友達	ツッコんでこない人
妹	休日はいつも家にこもる
ペット	太った アメリカンショートヘア

メンタルバランス

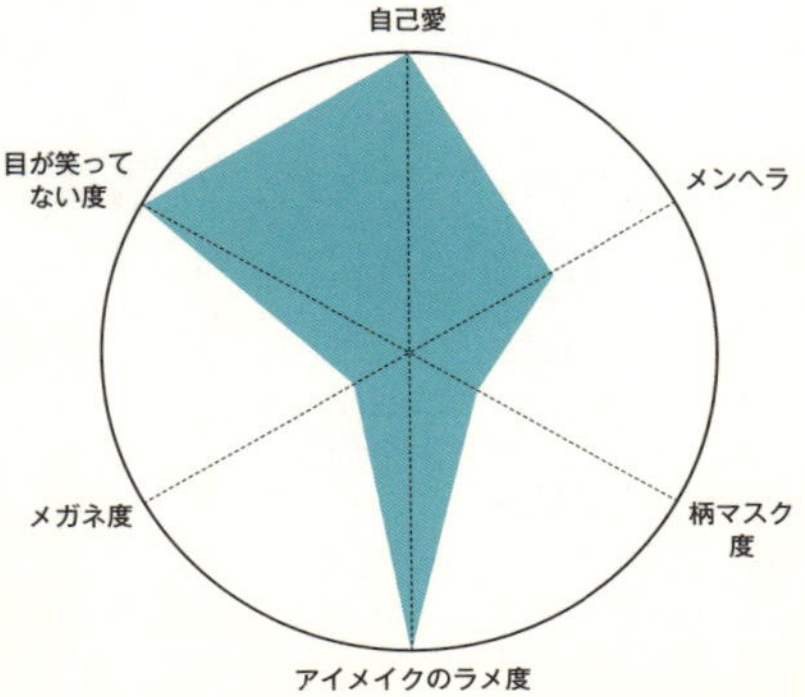
自己愛
メンヘラ
柄マスク度
アイメイクのラメ度
メガネ度
目が笑ってない度

好きなアーティスト	EXO

伊達マスク女子　座右の銘　沈黙は金なり

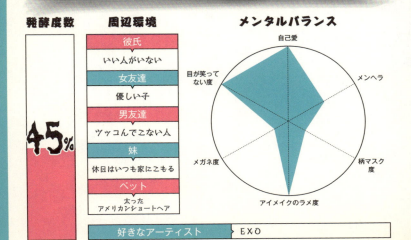

目撃！

発酵女子書籍化 スペシャル座談会

豪華恋愛アドバイザーがＤＪあおい・つぼゆりと、最近気になる「発酵女子」について語りまくる！

毒舌だけど愛がある、恋愛アドバイザーの王者

ゴマブッ子

キレイでモテないゲイ日本代表!?　大人気公式ブログ「あの女」でぶった斬った恋愛相談は4000件以上。超辛口なアドバイスにヤミツキになる女子急増中！

『Bバージン』『絶望に効くクスリ』『ゼブラーマン』などで知られる、人気漫画家。女性より恋愛のことに詳しく、恋愛相談で男の本音を赤裸々に暴露した本など、活躍の場を広げている。

恋愛モチーフ・コラムを得意とする大人気漫画家

山田玲司

「いい女」になるための言葉をくれるカリスマ

いい女.bot

140字以内で恋愛に悩んだ女性の心を癒し、より素敵な女性になれる言葉を発信している恋愛アドバイザー。女性目線だからこそわかる繊細な感情表現に、共感＆憧れる女性多数。

ゴマブッ子の SM発酵女子論

目撃！ 発酵女子証言1

「ブログやめなきゃ殺してやる…」 脅迫系発酵女子

ゴ「私はこのタイプの発酵女子にあたったら、フォルダを分けるんです。フォルダ名を**〝メール一件につきこの女が地獄への階段を一段おりる…〟**とかにして」

あ「あははは！　それいいですね」

ゴ「そしてこうやって発酵女子をネタにしてね。それで記事を書いちゃうっていう」

あ「発酵女子をお金にかえちゃう!!」

つ「なんというプラスなサイクル!!」

ゴ「ヤダ、アタシ嫌な女みたいじゃない(笑)」

あ「いやわかりますよ～！　でもこれファンですよ、ねじ曲がったファン。ゴマブッ子さんを**〝実はいい人〟だと思って、かまってもらいたい**から送ってきてる。読む人は自分の願望とか入れちゃいますからね～、私のとこもよく来ます。あれ本当に勘違いしてる…。私の場合は、

やめてよ…
今すぐやめてよ！

本当に意地が悪いんだけどな」

ゴ「あはは！」

あ「ゴマブッ子さんの本を読んでも、いい人っていうより、面白い人じゃないですか。」

ゴ「ちょっと～(笑)。これでもアタシまるくなったんですよ！　何年もやってるんでね」

あ「いやいや、いつでも噛み殺せるぞっていう王者の貫禄ですよ」

つ「さすが…」

ゴ「違いますって(笑)。**でもやっぱりこういう人ってかまってほしい**んでしょうね」

あ「それなら記事書く燃料にしてやりますよ。徹底的に分析して丸裸にしてやります！」

つ「勝ち気ですね(笑)」

あ「でもこういう発酵女子が一般人に噛みつくと大変なことになるから、噛みつくならもう逆に王者に行ったほうがいいと思います！」

ゴ「え！？　何～!?　こっちってこと!?　それじゃ、ご連絡ありがとうご

ざいます…返信はこちらへ。ってDJあおいさんのアドレス貼り付けとかなきゃ」

つ「お互いになすりつけてるじゃないですか（笑）」

あ「そしたら、いやこのお問い合わせは出版社に…って」

つ「えーーーっ、こっちにもとばっちりーー!?（笑）」

目撃！ 発酵女子証言2

SEXの首絞めが快感になった発酵女子

ゴ「私も結構ドMなんですけど、その話してたら割り込んできた発酵女子がいて」

あ「私のほうがドMだぞと（笑）」

ゴ「そうそう（笑）。まぁこういうのって、**ただ首を絞めてくる男が好きってわけじゃなくてタイプの顔っていうのはあると思う**んですよ根本的に。で、一回その快感を覚えちゃって抜けだせなくなっちゃったんでしょうね。しかも、こんなタイプなかなかいないから！」

あ「そりゃ忘れられない男になる！（笑） でも、首を絞めるってどういう心境なんだろう。ドSなのかな…」

ゴ「たぶん、**呼吸のコントロールをしたい**んですよね。呼吸の支配」

つ「怖っ!!」

あ「なるほど～!!」

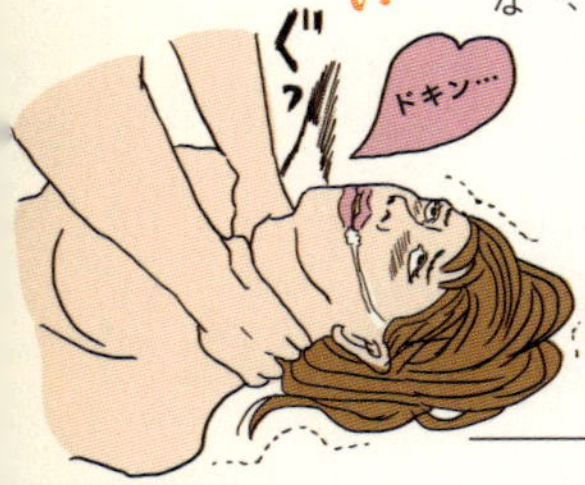

ゴ「アタシ、首絞めじゃないですけど、**バスタブに寝かせて徐々にお湯をためていきたい…って言われたことありますよ**」

あ「あはははは！」

つ「怖い!!」

ゴ「ちょっと興味がないんで遠慮しましたけど…（笑）。どうなんでしょ、オチる寸前に快楽があると思ってるのかな」

あ「そんなに命をかけてSEXするのか…。**相手を信頼してないとできませんよね**」

ゴ「うんうん。女性ってそういう、相手に預けるところがあるしね。1人にしないでって相手にしてもらいたい願望が強いじゃないですか」

つ「じゃあこのSEXは究極の信頼…？」

あ「すごい関係だなあ（笑）」

ゴ「**SMは信頼関係だから！**」

つ「なるほど。じゃあこの発酵女子がまたいい恋愛をするためには、どうすべきだと思いますか？」

あ「うーん、自分がしてほしいことを彼氏にしてあげて、そこから**お互い開発しあっていけばいい**んですよ。まずは彼氏の首を絞めるところから…」

ゴ「あははは、そこから!?」

あ「私はこうしてほしいのよーーーー！って」

ゴ「ヤダ～!! 速攻フラれる（笑）、あの女ヤベェってなる！（笑）」

目撃! 発酵女子証言3

イケメン野球部員を全裸に…(実体験)

あ「これ、本当なんですか!?」

ゴ「そうそう(笑)。こないだ**二十歳のイケメン野球部員と野球拳して**。相手はドSで、恥ずかしがっている人を脱がせたい!っていう妄想を持ってて。アタシはドMなんだけどドSぶって〝おまえのほうを脱がしてやるよ〟ってスタンスでワクワクしながらやったら…圧勝しちゃって!!!(笑)」

あ「あははは!」

つ「圧勝!!(笑)」

ゴ「もうね、**1枚脱いだくらいで圧勝だったの**。で、相手がほぼ全裸になって…あと両靴下と、手で隠してる下半身と、合わせて3回チャンスやるよ。って言ってたんだけど…また圧勝しちゃって!!!(笑)」

あ「あははは!」

つ「強い!(笑)」

ゴ「で、彼が前を隠すのをやめたら…それがもうソコが**激おこビンビン丸だったのよ!!!!**」

あ「あはははは!!!」

ゴ「はー!? **こいつドSじゃねえじゃん、ドMじゃねーか!**って!!!」

つ「蓋をあけてみたらドMだった!!(笑)」

ゴ「で、彼がリベンジしたいです!!っていうから、じゃあ次は負けたほうが勝ったほうにキスな!って言ったのよ」

あ「おおっ! 強気ですね」

ゴ「そうなの。それでどっちみち彼とキスできるように持っていったら、**それっきりパッタリ連絡来なくなっちゃって!!!(笑)**」

あ「あああ~!!」

ゴ「も~最後の最後でやらかしちゃって!! 変にがっつかないで、〝リベンジいいぞ!〟ってくらいにしときゃよかったのに(笑)」

つ「もったいない!」

ゴ「そんなものは土壇場で決めればいいのに、前もって決めようとしちゃって。**前へ前へと相手の予定を封じ込めようとする**から相手が逃げちゃう…そういうところが**アタシ、発酵女子だな~って思いましたよ(笑)**」

あ「いや~、もったいないですね!!(笑) あと一歩じゃないですか…というか彼、ゴマブッ子さんからの連絡待ってるかもしれないですよ。だってそんな経験したら他の人と野球拳しても満足できないはず!(笑)」

つ「キャ~!! じゃあ今連絡しちゃいましょうよ!」

ゴ「ヤダ~!! これ女子会で盛り上がって、舞い上がって連絡したら大抵うまくいかないって王道パターンでしょ~!? って、座談会終わったら本当に連絡しちゃいそうで自分が怖くなってきた(笑)」

あつ「あははは!」

目撃！ 発酵女子証言4

ケンカして絆が深まったと勘違いする発酵女子

ゴ「これ女性は本当に勘違いするやつよね」

あ「**変わってないのはおまえ（女）だけだよって**」

ゴ「そうそう（笑）。女は**〝ケンカをしたら絆が深まる〟**とか言うけど、男って言われたこと忘れないし、また言われるのも嫌だから**だんだん話し合いを避けるようになる**のよ。話し合いとか言ってるけど、**女のソレは説教**だから」

あ「そうそう！ **ただのアウトプット**ですよね。それでスッキリするっていう（笑）」

ゴ「自分だけスッキリして、〝あ～よかった、ラブラブだ♡〟ってなる（笑）。でも男は結構根に持つからね」

あ「そして怒ってる女はヒステリーだからもう手に負えない！」

ゴ「**だから男は〝わかったフリ〟を始めるの**よ。話を早く終わらせたくてわかったフリしてるのに、女はわかってもらったと思ってるから。あとあと、あのとき約束したのに、あのときああ言ったのに…あのとき…あのとき!!…**あ・の・と・き！！！！！！**ってなるのよ（笑）」

つ「ぎゃーーーー怖い!!（笑）」

あ「あははは！」

つ「恋愛って本当に難しいなぁ（笑）。じゃあ一体いつ彼に言えば聞いてくれるんでしょうか？」

あ「う～ん、SEX のときかな」

ゴ「ちょっとちょっと！（笑） それ男が一番聞かないときじゃない！」

あ「あはは！ いや、**どうせ男が話を聞かないなら、機嫌がいいタイミングで欲しいものおねだりしちゃったらいい**んじゃないでしょうか（笑）。SEX のときなら『（とりあえず）わかった、わかった』って言ってくれるよ」

ゴ「も～！ それじゃずっと聞いてくれないじゃ～ん！（笑）」

つ「では、ゴマブッ子さんは男性に聞いてほしいときにどうすればいいと思いますか？」

ゴ「そうね～、**彼を占い師だと思えばいい**んじゃないかな」

つ「占い師ですか!?」

ゴ「そう。女って、占い好きじゃない？ で、占い師に自分のこと話すときはある程度簡潔に話すじゃない。そんな感じで**男のことも占い師だと思って、結論を最初に持ってくりゃいいのよ**。ウダウダ話すから男は聞かないんだもん」

つ「おおお～!!」

あ「確かに！ 女の話はいつだって男は『前フリなげ～な』ってなりますもんね（笑）」

ゴ「そうなの、占い師に話してると思ったほうがいい！」

つ「まさかの占い師！（笑） ありがとうございます!!」

いい女.botのオトナ発酵女子論

目撃！ 発酵女子証言1

一晩の男を1年間追い続けるアパレル系発酵女子

あ「その男、絶対競争率高い！　いい物件だもんなぁ」

い「そうなんですよね。でも絶対遊び人！」

つ「でもなんでこんなに生活充実してるのに男性に依存するんでしょう？」

あ「暇なんでしょうかね？？」

い「たぶん**本気で恋愛したいわけじゃないんですね**」

つ「えっ!?　1年間も追い続けてるのに!?」

あ「こういうタイプって**男性が振り向いたら燃え尽きるタイプ**ですもんね」

い「そうそう。追いかけている自分が好きなんですよね」

なんて…
せつない運命なの…？

つ「そんな不幸になるパターンじゃないですか！」

あ「いや、違うよ。幸せそうで何よりだよ」

い「今限定でしたら、幸せかも。今だけを考えるとそうかもしれませんね」

つ「いやいやお二人、彼女のどこが幸せそうなんですか!?」

あ「**追いかけることでバランスをとっているんだよ。**仕事も私生活も充実している彼女にとて、恋愛の入るスペースって今はないから、自分が追いかけたいときに追いかけるくらいがちょうどいいのよ」

い「でも、たぶん仕事のバランスが悪くなったときに寂しくなるんだと思います。仕事が安定しているうちはいいけど、いつか**生活のバランスが崩れたときに感情をコントロールできなくなる**気がする」

つ「へぇぇ…。だからまだ、発酵女子〝予備軍〟なんですね」

あ「いいのいいの、発酵してから考えればいいの。そうやっていつまでも追いかけてろよ…」

つ「ダメだこの人！　いい女.botさんだけでもアドバイスを！」

い「そうですね…（笑）、今はまだいいのかもしれないけど、きっとコントロールできなくなる日が来ます。ですから、**今のうちに仕事と同じ**

ように恋愛に対する将来のビジョンも見つけていったほうがいいと思いますよ」

あつ「いい女だなぁ〜…」

目撃！ 発酵女子証言2

3つの恋愛ゲームにてんてこまい30代OL発酵女子

あ「ほぼつぼゆりじゃん」

い「えっ、ゲームお好きなんですか？」

つ「恥ずかしながら…男性アイドル育成ゲームにハマっています」

あ「**そもそもゲームって暇つぶし**だから、それが生活を占めるっておかしいよ〜！」

い「まぁ趣味はたくさん持ったほうがいいとは思いますけどね…。でも恋愛ゲームの怖いところっていろんな人に好かれちゃうところだと思うんですよ」

あ「普通は御曹司とかに好かれたりしませんもんね。それは夢なのよ、つぼゆり」

つ「夢じゃない…夢じゃないもん！！！」

い「ふふ、恋愛ゲームって**ドキドキは感じるけど自分を変える必要がない**ところが、本当の恋愛とは違うところだと思うんです」

つ「おお…、自分を変えてはくれない…」

あ「確かに。**消費するだけの趣味**ですよね。ゲームって。一方通行な感じ」

い「そうですね、**本当の恋愛は相手とのコミュニケーション**ですから。ほどほどならいいかもしれないけれど、やりすぎちゃうと現実での恋愛が弱くなっちゃうんじゃないかな」

あ「うんうん。いっそのことそんなに熱がある人なんだから、ゲームのクリエイター側になっちゃえばいいんじゃない？？」

い「それ、いいですね（笑）。彼女が普段感じているドキドキを、みんなにおすそ分けしてあげられたら素敵かもしれない」

つ「なるほど…私、ゲームクリエイターになります!!」

あ「おまえ編集やめんのかよ！」

もォ〜…しつこいっ！
俺とドライブに…
メシ行こうぜ
電源切っちゃうぞっ☆
一緒に帰ろうぜ

やっぱり可愛い服
着てると、それだけで
一日の幸せ度が違うと思うの

目撃！ 発酵女子証言3

40代なのにスナ○デル・リズ○サ大好き発酵女子

あ「**大人になったらフリフリしていいのは下着だけ!!**」

つ「おお…！」

い「着物でも、やっぱり20代に似合う柄、30代に似合う柄、40代に似合う柄ってありますよね。それを無視しているわけですから、やっぱり違和感は感じちゃうかも」

つ「でも大人になっても可愛い服を着たい気持ちはちょっとわかるなぁ」

あ「それでも限度があるよね。大人になっても服で自分をアピールするってことは**内面に自信がないのかも**しれない。だから必死で外見をつくろうし、自分はこういう人なんですよって相手に自分のイメージを大安売りでアピールしてる気がするよ」

い「可愛いものを好きなのは悪いことじゃないと思うんですよ。だけどちょっと露出をおさえるとか…**引き算の美しさもしていいと思う**んですよね」

つ「大人だからこその新しい魅力…確かに」

あ「いい女.botさん、優しいなあ…いいんですよ。この発酵女子はこのままで」

い「え、発酵女子のままでいいんでしょうか？（笑）」

あ「もう**私たちの〝歩く教科書〟〝こうならないお手本〟**としてこの世に残しておきましょうよ」

つ「ひでぇ！！」

い「そうでしょうか…？　あおいさんがそうおっしゃるなら…？」

つ「だまされてます、だまされてますよ!!」

目撃！ 発酵女子証言4

SNS体調悪いアピール発酵女子

あ「気持ちはわかる！（笑）　風邪ひいて、ちょっと元気になってくると暇だし…」

い「体調悪いときって心細いですしね(笑)。外部と関わりたくなるのかも」

つ「かまってちゃんなんですかね」

い「**どこかに書くことで癒されるっ**ていうのは絶対あって。でも、大勢が見ているところに発信するのはそんなにプラスではないかもしれませんよね。一度そうやって発信してしまうと、そのまま病みツイートが多くなったりする可能性もあるし…」

あ「そうそう、みんな誰かと絡むんじゃなくて、ひとり言を言ってるんだったらこんな発酵は起きないんじゃないかな。**誰かが誰かにかまってもらいたい**っていう含みがあるからこうやってよくわからない方向に流れていってしまう」

い「そういう私も、ツイートしたら気にしてしまうので、実はあまり見ないようにしてますけど(笑)」

あ「あ〜、わかります！ 10万人、20万人に見られてる…と思うと何にも発信できなくなっちゃいますよね」

い「そうなんです。あんまり意識してしまうと、自分がブレちゃいますしね」

つ「な、なんか格好いい！」

あ「そうなんだよ、、俺たち、そうなんだよ!!」

い「あはは」

あ「だからまぁ、そうやって誰かにかまってほしいとか、そういうんじゃないほうがいいと思うよ。**そんなに人の目を気にしなくていい**と思う」

い「でも誰も見てなかったら〝つらい〟なんて言わないだろうから、そうやって外部に吐き出すことがあなたの癒しなら、吐き出したいだけ吐き出せばいいと思いますよ。病みツイートにならない程度に、ほどほどに気をつければ、いいんじゃないでしょうか」

あ「本当にいい女だなぁ」

つ「本当ですね… 最後に、お二人はツイートするときにどんなことを心がけていますか？」

い「私は…普段から発信にお土産があるように心がけています」

あ「私は、求められているものはあげないように心がけています」

い「あはは」

つ「ありがとうございました!!(笑)」

暇だな…
○○ちゃん絶対タイムライン見てるくせに…
反応しろし…

山田玲司の恋愛脳発酵女子論

目撃！　発酵女子証言1

未経験で「男に奔放なモテ女」になりたがる発酵女子

山「発酵女子って面白いですよね。腐ってんのか、おいしくなってんのか（笑）」

あ「ありがとうございます（笑）」

山「最近の女子の恋愛感覚が、**処女よりヤリマンのほうが上っぽくなってる**傾向があるんですよ。だから普通の恋愛を経験しないままビッチになりたがっている子が多いみたいで」

あ「ああ～、確かに！」

山「それで、恋愛したくても大学内の男子のオス率も下がってきてるから、外部と恋愛しようとするじゃないですか。でも外部にはワンチャン狙ってる輩しかいないから結局恋愛はできないっていう（笑）」

あ「**いろいろ経験したとしても、恋愛においては処女**っていう…（笑）」

山「そうそう！」

つ「恋愛できない環境になってしまってるんですね」

山「僕らの感覚でいうと、自分の彼女も気をつけないとヤラれちゃうぞって感覚だったんですけど、本当に時代が変わりましたからね」

あ「前はもっと、**男って下品だった**んですよね～」

山「そう！　でも今は**女に声かけられる男はマイルドヤンキー**しかいないから、そういうの言えないんですよね。女の子からキモッて言われちゃうと、もう恋愛市場に戻ってこない。そうして〝艦これ〟を始める」

あつ「あははははは！！！」

山「ガールズパンツァーとか、ラブライブとかね（笑）」

あ「**男はキモくてナンボ**ですよね。キモいって言われて引っ込められるスケベ心なんて、スケベ心じゃない!!　キモいって言われて、ゾクッてこなきゃダメでしょ」

山「あははは、同感です!!」

あ「だってどうせキモいことすんじゃん」

つ「キモいことって！！！」

山「いやいや、キモい行為です

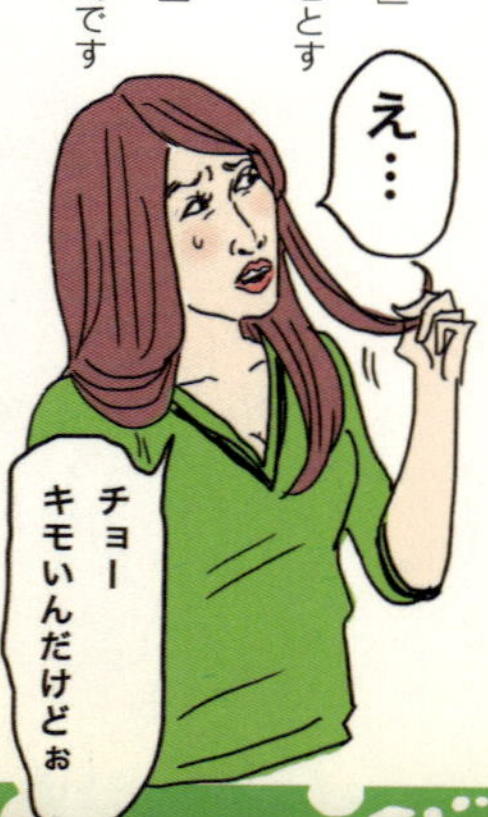
え…
チョー
キモいんだけどぉ

よ。それをキラキラさせて言ってるだけですから。男はキモいもんぶらさげてんだから！」

つ「ちょっとちょっと！　軌道修正しましょう！（笑）　処女ビッチが幸せになる方法を考えましょう！」

山「そうですね〜、**とりあえず友達かえよう！**　すぐパンツ脱ごうとしないで！」

あ「そうですね、まず**男と女で考えないで、友達から始めましょう！**」

目撃！　発酵女子証言2

日本人はダメ！　外国人のイケメン待ち発酵女子

山「これはなかなかの伝統的な発酵女子だと思うんですよね」

あ「なんか**バブルの時代を卒業してないニオイ**がしますよ〜」

山「そうそう、**生態系の一番上の男性しか見てない**んですよね！　麻布で焼き肉おごってくれる男性を探して東京に出てくるけど、実際はそんなヤツいないから発酵していく（笑）」

フー…
私とつりあうのは日本人じゃないと思うんだよね…

つ「なるほど（笑）」

山「**西洋人コンプレックスがいまだに残ってる**と思うんですよ…どこかで白人に憧れてる」

あ「だけど、ものすごい背伸びのしようですよね〜。今の時代、マッチしない！」

つ「ふむふむ…ではこの子たちはどうやったらこの時代にマッチするんでしょうか」

山「この発酵女子、2パターンいるんですよね。向こうから来るのをずっと待ってるタイプと、自分から行くタイプ…どちらも、ある日ふと目がさめるんですよ。あれ？　隣にいる日本人の男の子、なかなか悪くないじゃんって！」

あ「うんうん。そしてその瞬間をつくるためにまず**外国人がお金持ってるっていう幻想を捨てなきゃダメ**ですよね。外国人だって貧乏な人は貧乏だし。そこに夢を持っちゃいつまでもその時代から出てこれないわよ！」

山「これ男女逆にすると、パズーとシータ（※1）みたいなもんですよ。気づかないと。**シータは普通、空から降ってこないんだって（笑）**」

あ「もうこのタイプは**東京出たほうがいい**よ。紛争地域とかに行ったほうがいい」

山「確かに！　外国人が1種類だけだと思わないほうがいいですよね。優しい人もいるけど、いろんな人がいるっていうのを知ったほうがいい」

つ「なるほど…ありがとうございます！」

目撃！ 発酵女子証言3

脳内ハーレ発酵女子

つ「私もオタクなんですけど」

山「おお！ Free!（※2）好きなんですか？ うたプリ（※3）とか！」

つ「好きです(笑)。ハイキュー!!（※4）とか、ほかもいろいろ…」

山「あああ～～、発酵してますね～～～！(笑)」

あ「そうなんです、こんな近くに発酵女子が！」

山「秋葉原のね、オタクなビルとかいくとすごいんですよ！ 男子階と女子階に分かれてて、階段とかですれ違うんだけど…**男女が絶っ対に同じ時空にいない**という!!」

あ「あははは！」

つ「面白すぎる!!」

山「**パラレルワールドみたいに、隣にいるのに見ないフリして生きていく**っていう…」

あ「すごいですよねえ」

山「そうそう。キャラの誕生日に、めちゃくちゃ同じ商品のバッジとか並べて手作りケーキでお祝いしたりね（笑）。こういうの、**海月姫**（※5）**あたりから女の子が暴露しだした節があって**」

あ「確かに。昔はもっとそういうの隠れてやるものだったじゃないですか。エロ本みたいに」

山「BL好きな女の子が普通に出てきてね、数年前からそういうのホント普通になってきた」

あ「そうですよね～」

山「レイヤーの質も上がったんですよね。可愛い子が多い！ そんな子がキルラキル（※6）とかやっちゃうもんだから。おいおい、どこまでいくんだ～！って(笑)」

つ「わー！ キルラキル！ 確かに露出がスゴい!!(笑)」

あ「**今はネットですぐいろいろ漁れる**から、よくないですよね」

山「検索一発でエロいのとか出てきますからね。たぶん**最近の子は、実際に経験するよりも検索でそういうの知る**んですよ～、いやあ時代は変わりましたよね」

あ「うんうん。今回は発酵女子というより、**女子を発酵させてしまった男子が頑張るべきだと思う**」

山「そうですよね。まずはネットやSNS話術じゃなくて、**いいから手を握れよと。**手を握ったら女は女をやれるから！ そっからすべてが始まるから」

あ「そうですね、そういった意味では**男子にとって大チャンスの時代**ですよ。まずは手を握りましょう！」

目撃！ 発酵女子証言4

K-POP・ジャニーズ・古株ファン発酵女子

山「ハマる人って大体**独身OLか愛が冷めた旦那がいる人**なんですよね」

あ「そしてファンの中でも階級がありますよね。女性社会の、また小さいバージョンがある」

山「**女の人って男の人を育てたいんだと思う**んですよ。猫を飼うのと一緒で、それって**母性を持て余してて、それを解消したい**んですよね」

あ「ああ〜！ 母性！ そうですね。あの狂気は母性だ!! そうだそうだ」

山「**理想の子どもを育ててる**んですよね。最近は〝ゆづ〜♡〟（※7）ってね」

あ「つぼゆりが最近やってるアイドル育成ゲームも母性なの？」

つ「母性…たしかに、アイドルを育てなきゃ!!ってこう…母性をくすぐられるかも！」

あ「うわ〜〜〜!! **娯楽に母性を出しちゃダメでしょうが〜〜!!**」

山「あはははは、最高！（笑） そういえば最近のアニメで〝おそ松さん〟（※8）が流行ってるけど、それも母性を刺激してるから人気なんじゃないかな。ニートたち、梨よ〜！って（笑）」

つ「た、たしかに…！ 時代をあらわしてる！！！」

あ「そりゃ流行るわけだ」

つ「なるほど〜。じゃあこういう発酵女子が目をさますにはどうしたらいいんでしょう」

山「そうだな、スーツで現れて**ダルそうに〝おまえ、目ぇさませよ〟**って言えば目がさめるんじゃない？ ほらほら、実際は言われたいんでしょ？（笑）」

つ「うわー！ 格好いい！（笑） なんだろうこれ、メチャクチャ言われたい!!」

あ「うわー！ 発酵女子だ、取材側が発酵女子じゃんかー!!」

山「あはははは（笑）」

つ「いや言われたいです（笑）。ありがとうございます!!」

あ「うわー発酵女子認定!! ありがとうございました（笑）」

（※1）宮崎駿監督のジブリ映画「天空の城ラピュタ」の登場人物
（※2）美少年ぞろいの男子水泳部アニメ
（※3）2次元アイドル。正式タイトル「うたの☆プリンスさまっ」
（※4）男子高校バレー部を題材にした青春漫画
（※5）東村アキコ原作の、男を必要としないオタ女軍団を描いた漫画
（※6）「極制服」という露出の高い制服を着て女子高生が戦う学園バトルアニメ
（※7）フィギュアスケートの羽生結弦選手の愛称
（※8）赤塚不二夫原作「おそ松くん」が大人になった設定の人気アニメ

ほ〜ら ケンカしないのっ
いっぱいあるから みんなで梨食べよっ

座談会を終えて…

あ『いやぁすごかった』

つ「本当に!」

あ『ゴマブッ子さんは、ご自身のブログではビシバシ斬ってらっしゃるから正直ビビってたけど、実際は紳士というか淑女というか…やわらかい物腰で、人間できてんなぁ…と思ったよ。いざとなったらつぼゆりを盾にしようとしてたんだけど、そんな必要皆無だったよ、なあ?』

つ「え? ああ、はい。心の声まじってますよ」

あ『盾にしても、きっと身ぐるみはがされちゃうね』

つ「ゴマブッ子さん野球拳お強いですもんね!(笑)」

あ『いい女.botさんも本当にいい女だった!!』

つ「そうそう!! キラキラしてました」

あ『いい男だけを寄せつけるような品のあるオーラを持ってた…しかもすげぇいい匂いした…。いい匂いしたんだよな~』

つ「いい匂いしましたな。部屋が一気に女子力高くなりましたもん」

あ『おっ。ケンカか? ケンカ売ったのか?』

つ「ひぃぃ、ウソです!! 山田玲司さんのお話も面白かったですよね~!」

あ『ねー!! アニキー!!って感じだった! アイドルにハマる女性を『母性を持て余した女の狂気』って分析してたのが、さすがだったよね』

つ「それ! 本当に!」

あ『実はあのあとも仲よくさせていただいてて。今後もいろいろたくらんでいるので…みなさんお楽しみに~!』

つ「むふふ。これからも、おんもしれ~企画が盛りだくさんですね」

あ『オラ、ワクワクすっぞ!』

つ「おっ! ♪なーにーがーおーきてーーもー気分――は――――」

あつ『へーのへのかーーーっぱーーーーー♪』

発酵女子
カルテ

自分の魅力をフルに活用し美人よりモテる本当の策士

ニセ地味女子

DJあおい 発酵女子診療録

NO.004

子どもがシャネル着てるようなもんよ。

いるいる〜！　このタイプはおとなしくて後ろからついてくるタイプ…ではなく！　そう見えるように偽っているタイプ。そのほうが異性からのイメージがいいっぽいぞ、と**男性の前では（相手に対する好意の有無に関係なく）一番モテるであろう地味で清楚可愛いキャラに自分を固定している**んです。**表面上は控えめで聞き上手、**しかし**裏面では少々プライドが高い計算女子…**さて、そんな彼女の発酵具合とは？？

あ『う〜ん、**知能犯**よね』

つ「はい…。まぁ確かに地味で清楚なのはモテるかもしれないけど、そんなに自分自身を偽ってまでする必要あります？」

あ『こういうタイプは真っ向勝負で美人と戦っても勝てる見込みがないのを知っているから、**美人と同格にモテるためには本当の自分なんか関係ない。**手段を選ばないのよ』

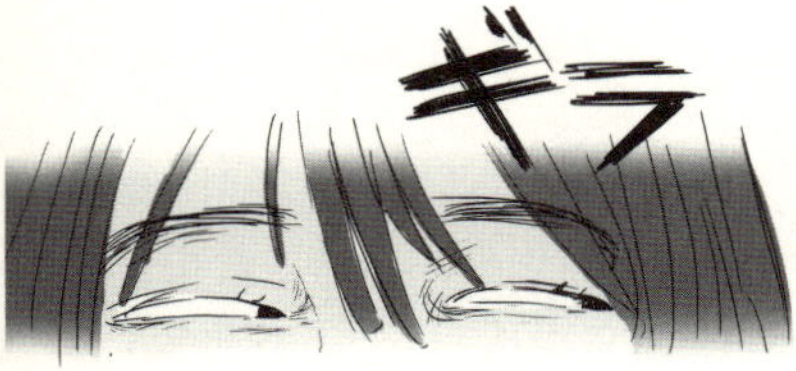

あ『美人よりモテない…そんな現実を知った彼女にとって〝**美人と同じくらいモテる**〟**ことは最高のステイタス**であり、多少の小賢しい真似をしたって**自分に自信をつけられる最大の方法**なのね』

つ「なるほど…」

あ『でも付き合っていく上でずっとそれを続けるなんて不可能に近いわよね。男だってそこまでバカじゃないんだからだんだん本性に気づいてくるもんよ』

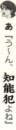

つ「そうですよね。もし将来的に結婚…なんてことになったら家族同士も親密になるんだから、偽った自分を家族に隠していることも、本当の自分を彼に隠していることもすごく大変になりそう」

あ『しかも**彼女が楽しいのはこういう駆け引きのようなゲーム**じゃない？　結婚したらゲームも一旦クリアなわけだし、もし結婚後もうまく立ち回ってバレなかったとしても彼女自身が飽きちゃう可能性だってあるしね。そうなれば、長い目で見たらいいことってないのよ』

つ「なるほど…。え～じゃあ美人には勝てない…同じ土俵では戦えないってことですか？」

あ『**要はバランス**よ。バランスが悪いのよ。本当にモテる人って相手じゃなくて自分を見てるから、〝私に似合うのはこれかも？〟とか外見と中身のバランスがうまくとれてるんだけど、こうやって**偽ってるタイプは他人を見てから研究してる**から〝こういう仕草がモテる、こういう服ならモテる…〟って自分の中身と外見のバランスを考えてないのよ。そんなんじゃいくら美人よりモテる服を買っても着こなせねーよ！』

つ「ズバッ！」

あ『そもそも、中身と外見のギャップがあるってことは、**子どもがシャネル着てるようなもん**なのよ。それって格好いい？　大事なのはバランス。中身と外見のトータルコーディネートができてこそ本当のモテ女!!　似合わないことは今すぐやめるべし!!』

つ「ザシュッッッ!!」

今回の助言　おまえには似合わないよ!

あ「迷える“ニセ地味女子”のみなさん。あなたを救うのはズバリ“中身にあった外見にする”ことよ。相手の様子をうかがいながら自分を作るのはやめなさい。あなたの中身にあわせた自然な外見、言動のほうが、偽るよりモテるかもしれないわよ？　美人に勝つための仕草の勉強じゃなく、あなたの魅力をより引き出す勉強に変えてみない？　そしたらきっといつか美人にはない魅力をもったあなたになれてるんじゃないかしら」

つ「ありがとうございます !!」

ニセ地味女子カルテ
発酵菌名　地味という服を着て…菌

発酵度数

15%

周辺環境

周辺環境	
彼氏	いる（FB にはのせない）
女友達	一応いる
男友達	実はたくさんいる
ペット	ミニチュアシュナウザー
弟	バドミントン部

メンタルバランス

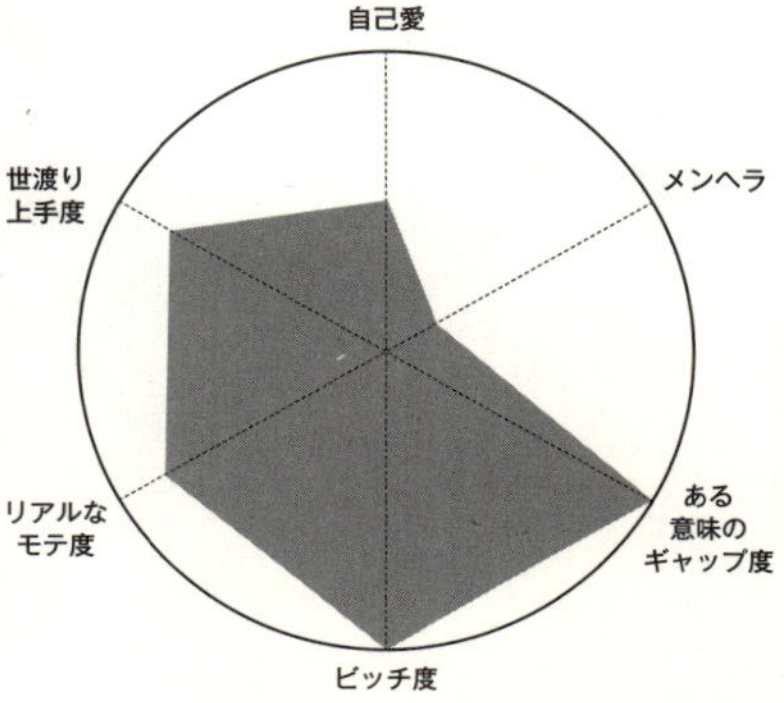
自己愛
メンヘラ
ある意味のギャップ度
ビッチ度
リアルなモテ度
世渡り上手度

好きなアーティスト	miwa（本当は ONE OK ROCK）

自分のせいには絶対させない、あえての脇役ポジション

責任パス女子

DJあおい 発酵女子 診療録

NO.005

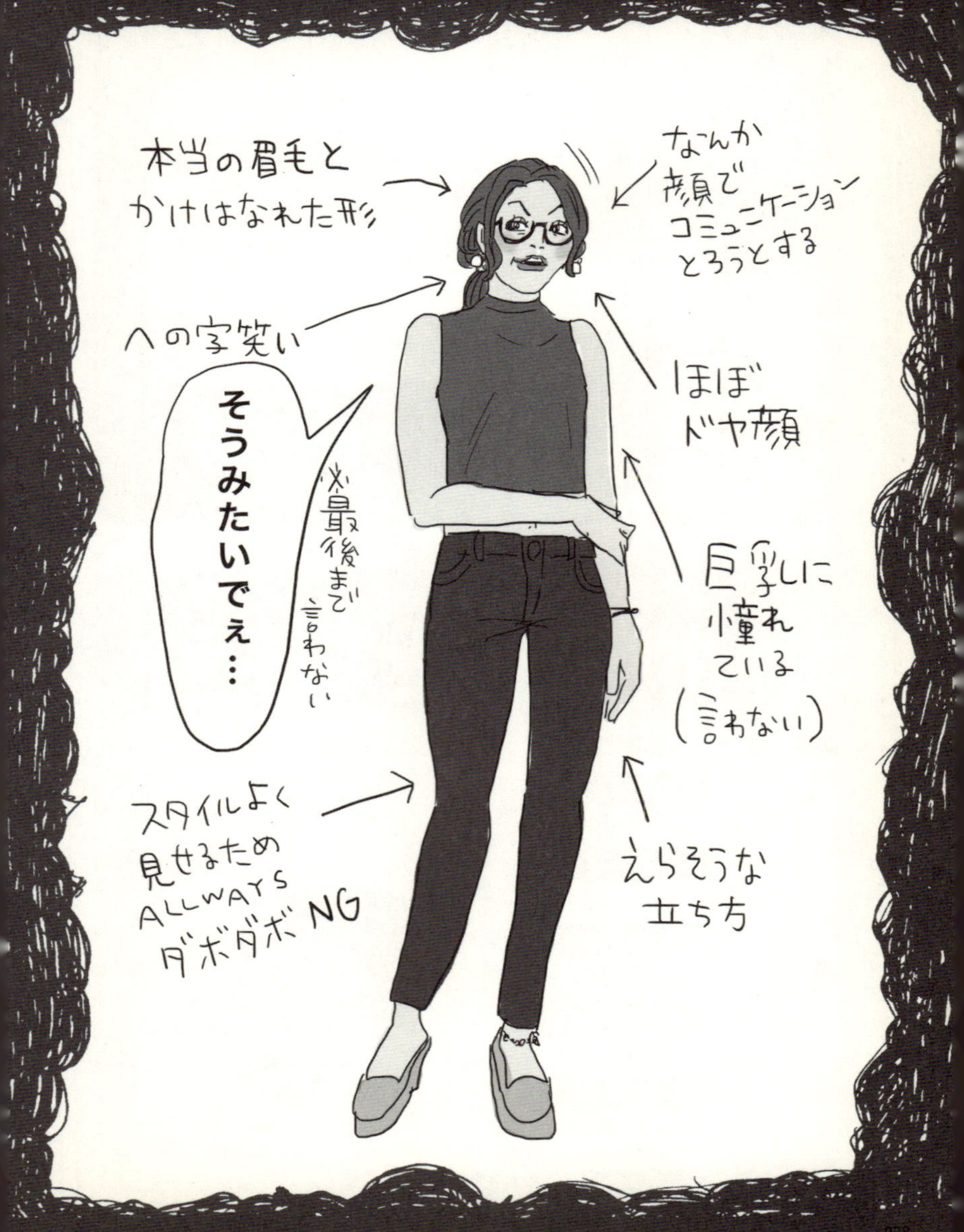

本当の眉毛と
かけはなれた形
なんか
顔で
コミュニケーション
とろうとする
への字笑い
そうみたいでぇ…
※最後まで言わない
ほぼ
ドヤ顔
巨乳に
憧れ
ている
（言わない）
スタイルよく
見せるため
ALLWAYS
ダボダボNG
えらそうな
立ち方

周囲と仲よくなれないんじゃなくて自ら拒否してるのよね。

いるいる〜！　このタイプは「だったんですけど…」や「みたいで…」といったように**話を最後まで言いきらないタイプ。話を完結させないことで相手にうまくパスを出しています。**しかし！　世渡り上手の知能犯に見えて、実は内部発酵しているのかも…？

あ『完結させない…**よく言えばコミュニケーション能力が高いの**』

つ「でも、なんか小ずるい感じがしません？　最後を相手に任せる感じが」

あ『責任転嫁してるわよね。〝じゃあ、あとはよろしくお願いします〜〟って感じ。**中途半端に頭がいいから、自分は安全圏にいて周りを操作してんのよね**』

つ「こいつ…操作型か」

あ『実はこういうタイプって自分じゃ気がついてないけど結構いるのよ。前置きで導き出される答えなんか1つなのに決定権を相手に委ねる…』

つ「ずるいなぁ、最後まで言えよ！」

あ『最後まで言ったら何かあったときに**責任をとるのが自分になるから嫌**なのよ。今の時代、こんなふうに陰に隠れて相手を操作してるヤツ、ウジャウジャいるのよね』

つ「キモイ世の中ですね」

あ『目立たないようにしてるから一見わからないけどね。でも普通の人だってそう。一度味をしめたら最後、みんなもう二度と最後までしゃべらなくなるのよ…』

つ「なんとまぁ感染しやすい菌なんでしょう…」

あ『ジワジワ、ジメジメと感染していく菌なのよ…**そして全員がメガネをかけだす…**』

つ「メ、メガネ!?」

つ「こういうタイプって本当に相手を信じて仲よくなったりできるんですかね？」

あ『尊敬している人がいたとしても、その人はもうこの世にいないよね。**すべてのものや人を見下してるから、偉人レベルじゃないと尊敬しない**のよ。**周囲と仲よくなれないんじゃなくて自ら拒否してる**からさ』

つ「っかー！　ムカつく！　絶対これ周囲の上下関係とかメモってますよね！　人によって態度コロコロ変えそうだし！」

あ『知能犯だからね。そして自分は一番安全なところからパスだけ出して、そのパスに周囲がどう対応するのか見てるっていうスタンスだからね』

そのまま直帰しようよ
ちょっと今日は家におばあちゃん来るみたいで…
え？行かないの？

つ「嫌な感じですね。理屈っぽそうだし話が長そう」

あ『**高学歴に多いタイプ**なのよ…自分でシュートしないことで、もし何か失敗したときに相手のせいにできるから**一番楽なポジション**なのよね』

つ「はぁ…そうやって軽くスイスイ生きてる感じ、イラッとしますな」

あ『そう？　このタイプ、得してるように見えて、実はそんなに得してないかもよ』

つ「どういうことですか？」

あ『**ヒントは、メガネよ**』

つ「ま、また出た…何なんだそのキーワード!!」

TCM
カバーガール
桃太郎
犬、猿、雉へ独占インタビュー
"桃太郎が鬼を倒せた理由"
なんで人気出てんのよ…

今回の助言　心のメガネをとりなさい

あ「迷える“責任パス女子”のみなさん、あなたを救うのはズバリ“人を色メガネで見ない”ことよ。最初っから相手を見下して入るのはやめなさい。もっと現実社会と本気でふれあうこと！　そろそろ頭で考える前に行動しないと本当につまらない大人になるわよ。机で考えた結果と、実際に行動して起こる結果は必ずしも一緒ではないからね。結局正しい正しくないに限らず、人って行動力のある人についていくものなんだから」

つ「ありがとうございます!!」

責任パス女子カルテ
発酵菌名　無責任ヒロイン菌

発酵度数

20%

周辺環境

彼氏	いない（別にいらない）
女友達	本音を話せる人はいない
男友達	自分から男と話さない
ペット	いない
リスペクトしてる人	死んでる（偉人）

メンタルバランス

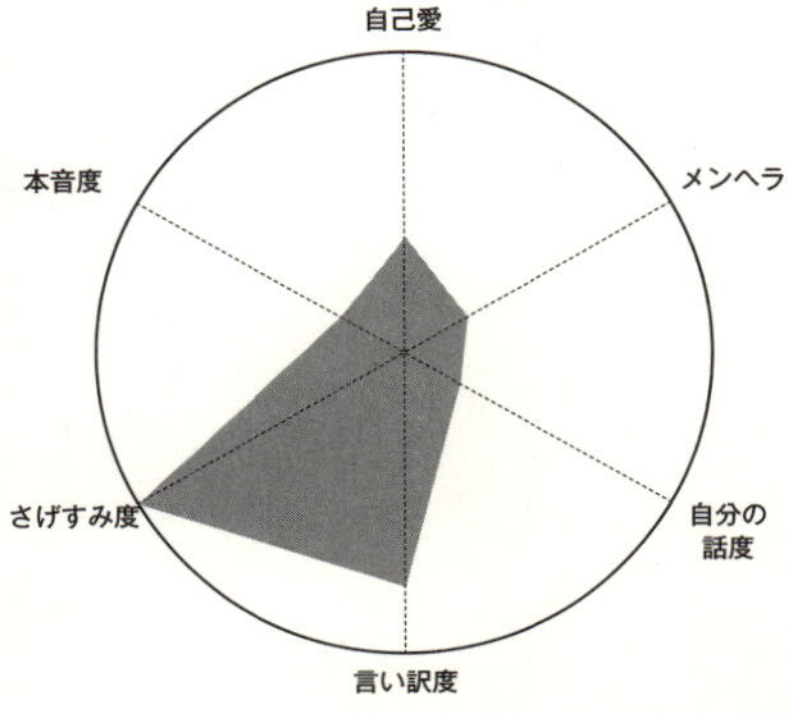
自己愛
メンヘラ
自分の話度
言い訳度
さげすみ度
本音度

好きなアーティスト　ビートルズ／クイーン（最近ちょっと関ジャニ∞が気になる）

バーチャルを現実にもってきた次世代キャラクター

オタオシャレ女子

競合店のないサラ地に店構えてんじゃないわよ。

いるいる〜！　**今やアイドルグループとは切っても切り離せないくらいメジャーになってきた「オタク」文化。**以前までは「私オタクなんだ…」と言おうもんなら友達やめようかな…くらいの勢いでしたよね（言いすぎ？…という筆者つぼゆりもオタク）。そんな今回の発酵女子は一体どんな発酵菌を持っているのか？…っていうか、**オタクで可愛い女子って…それ本当にオシャレなの？**

あ『つぼゆり、オタクなの？』

つ「はい、たぶん…」

あ『電車とか好きなの？』

つ「電車っていうかアニメが好きですね。アニメのキャラクターがニコ動で踊るやつ（キャラのモデルを使って動かしているMMD）とか見て1人で夜な夜な盛り上がってます」

あ『キ…ダメだわ。一番苦手なタイプだわ。**オタクならオタクらしい格好しなさいよ、そうゆうとこ中途半端なのよあんたは**』

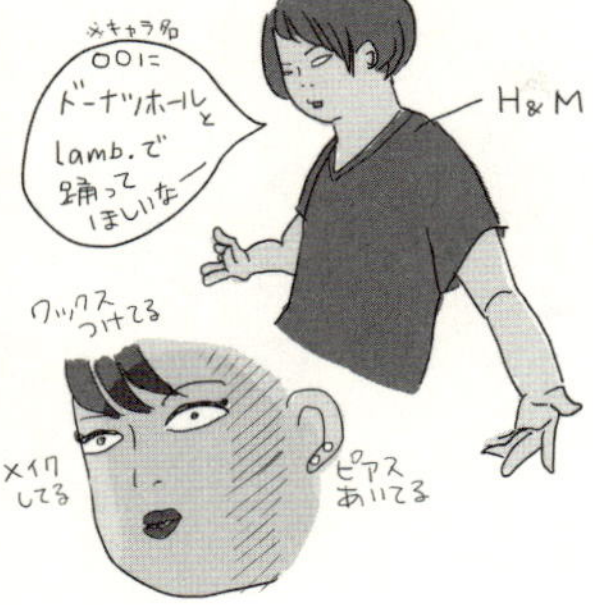

あ『それにねえ、最近その界隈盛り上がってるみたいだけど、そうやってオタクから注目集めて、**ただオタサーの姫になりたい**だけじゃないの？』

あ『オタクならオタクらしく、**体型に合ったデニム！　汗のついたTシャツ！　チェックのシャツ！　うねった髪型！　履きつぶしたスニーカー！**くらいやりなさいよ』

つ「ひ、ひどい」

あ『**オタクアイドルがモテているのは競合店のないサラ地に店構えてるようなモンだからよ。**そりゃモテるわ。でもそれって**ホントに女として磨いてるわけじゃない**じゃない』

つ「そんな…サラ地に構えたとしても店は店だし商品も仕入れてますよ!!」

あ『その店が渋谷に構えたとして、他の店と張り合えるの? **たくさん店があるなら、ドリンクコーナーの上端にハエの死骸があるような店で普通は買わない**のよ』

つ「言いすぎッス!!」

あ『そうやって変に他の畑に手を出そうとしないで、極めていたら清々しいのに』

つ「さっきみたいな完璧なオタク（偏見）の格好をしたほうがいいってことですか?」

あ『違う違う。**力も勢いもあるクリエイターって、もともとは何かのオタクだったりする**じゃない』

つ「ああ、着物が好きだったりカメラが好きだったり、どんなすごいクリエイターも始まりは〝好き〟って気持ちからですもんね」

あ『そう、そうやっていい意味で**周りを見ずにオタク化していると何かすごいことを成し遂げたりする**わよね』

つ「要するにオタオシャレ女子は中途半端だと…」

あ『うん。**どっちかにしろよ、そしたら認めてやるよ!**って感じ。きっと周りもそう思ってるわよ。オタオシャレ女子を見て本当にスゴ～イって言ってるのはごく少数のはず。**薄っぺらいスゴ～イの言葉に踊らされていろんな畑に手を出して自分を見失わないようにしなさい。**誰も責任なんかとる気ないんだから。〝**なんちゃって**〟**って一番格好悪い**もん』

つ「でも本当に好きなものがたくさんある場合はどうしたらいいんでしょうか…」

あ『いいんじゃない? 好きでいれば。でもそれを他人にわかってもらおうとか、評価されようと思ったら、それはもう〝好き〟の感情の外よね』

つ「ああ～なるほど。〝好き〟って意外と狭い範囲なのかもしれませんね」

あ『だからこそうまく凝縮するとすごいパワーになるのかもね』

つ「はい…。なんか…キレイにまとまってしまいましたね」

あ『やばいやばい、なんかdisっとくか。世界中のシャレてるオタク爆発してください』

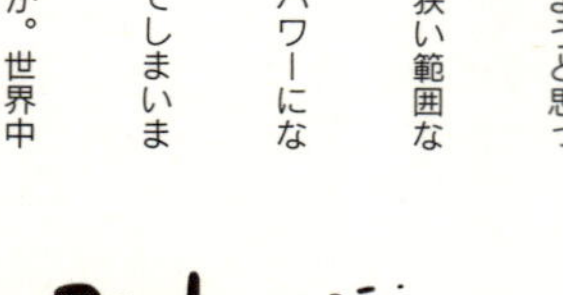

今回の助言

好きなら周りが清々しいくらい極めろ!!!!

あ「迷える“オタオシャレ女子”のみなさん。あなたを救うのは“清々しいくらい極める”ことよ。中途半端にやっていることが本当にあなたを楽しくさせているのかしら？

つ「ありがとうございます！　このタイプ苦手、嫌いって感じだったのに優しい…！」

あ「ガツンと言わないことで彼女は変わらず、のちにさらに自信を失うだろう」

つ「えげつねえな…腹ん中真っ黒かよ !!」

オタオシャレ女子カルテ

発酵菌名 **パンピーアイドル菌**

発酵度数

120%

周辺環境

周辺環境	
彼氏	なし（※オタサーの姫）
女友達	WEB内に存在
男友達	オタク（集団）
妹	関西に人気コスプレイヤー
お兄ちゃん	2次元の●●くんの声が出せるネットの人

メンタルバランス

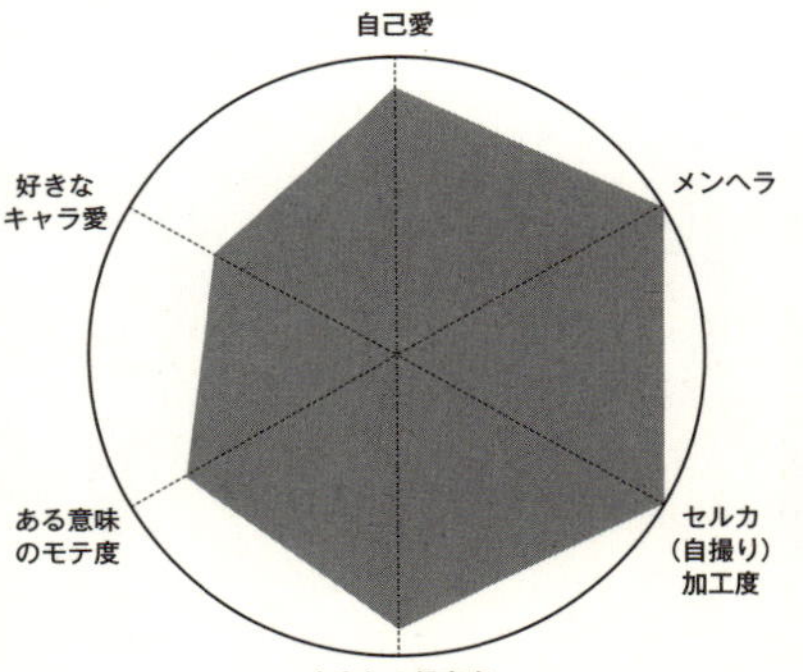
自己愛
メンヘラ
セルカ（自撮り）加工度
宇宙との親密度
ある意味のモテ度
好きなキャラ愛

好きなアーティスト	きゃりーぱみゅぱみゅ / でんぱ組.inc

人にうらやましがられるためなら嘘をつくのも朝飯前

話盛々かまってちゃん女子

DJあおい 発酵女子 診療録

NO.007

ちょっと古い髪型
カラコンする勇気はまだない
読モっぽい笑顔を研究中
顔に違和感
芸能人の○○ちゃん今は人気だけど〜昔は地味だったから
マネキンが着てる状態ではイケて見えた服
なんか似合ってない
スカートの下は中学のときから使ってる黒スパッツ
女子たるもの背が低くあるべきというよくわからんポリシーのもとペタンコ靴

嘘をついているわけじゃなく それが彼女の理想の姿なのよ。

いるいる〜！　このタイプは**嘘をつく必要のないところで嘘をついて、自分の首を絞めてしまう**タイプ。しかも「私、芸能人の○○くんと友達なんだ〜」なんて、**嘘かどうかを証明できないところが相手をさらにモヤモヤさせる**んですよね。どうしてこんなふうに発酵してしまったんでしょうか、分析してみましょう。

あ『ちょっと空気が読めていない感じがするわよね。他に情報は？』

つ「結構、人を選んで嘘をついているみたいです。優しい人を選んでいるというか、自分の嘘を信じてくれる人を選んで、大きな嘘をついていますね」

あ『まあ信じない人にあえて嘘はつかないとは思うけど…そうねえ』

つ「わかる範囲で数えてみたら、1つの話題に1つは嘘をついていたんです!!」

え？あたし？
話したことあるっていうか半分付き合ってたみたいな内緒だけど
半分って何だよ

あ『それは重症ね。よく数えた!!』

つ「ありがとうございます!!」

あ『このタイプがなんで嘘を繰り返してしまうのかっていうと、**単純に嘘をついているわけじゃなく、その姿が彼女の〝理想の姿〟**なのよね』

つ「こういう自分でありたい！という強い憧れが嘘になっているのか…」

クラスのマドンナ あおい
マジマジ。今日校長先生25回も「あの〜」つってたから
うそやだ〜(笑)大坪くん数えてたのぉ？
クスクス

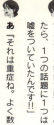

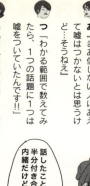

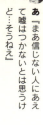

あ『バレバレな嘘ならツッコミどころもあって可愛いんだけど』

つ「でもこれ、ツッコまないで全部信じてあげると大変なことになりそうですね」

あ『そうそう。こうやってどんどん自分で自分の首を絞めていくのよ、嘘って』

つ「ああ～なんだか経験あります～」

あ『同性ならイラツかれるだろうけど、異性相手ならいいんじゃない？』

つ「男性がこれを…許す？　いや～～～～～、めちゃくちゃ嫌われそうですよ」

あ『あんたも学ばないわね、**男はバカだからわかんないもん**なのよ。まぁもしあたしが男だったら、こういう女の嘘は唇で塞ぐね』

つ「ああ…唇ありますもんね」

あ『誰もが持ってるわ！』

これは なかなか…
いい唇で蓋を された女の嘘 ですなあ…
女の嘘ソムリエ

あ『要するに**まともな会話ができない**のよ。嘘つきは一種の病気』

つ「なんでそうなってしまったんでしょう？　何かトラウマが…？」

あ『自分の話をしなくちゃいけない〝会話〟を避けるきっかけになった過去…か。例えば、小さい頃に否定されて育ってきたとか、親の期待と実力に差があったとか』

つ「いつの間にか、自分はダメな人間なんだ。隠さないと。という結論に至ったんですね」

あ『そうね、みんながよく使う**〝自分をよく見せる嘘〟じゃなく、〝自分を隠すための嘘〟**をついてしまうのね』

今回の助言　嘘つきをなおそうとするな!

あ「迷える“話盛々かまってちゃん女子”のみなさん。あなたを救うのはズバリ“嘘つきをなおそうとしない”ことよ。嘘ついちゃいけないんだ！って思うほどストレスに感じて自分を嫌いになるわ。こんな自分とうまく付き合っていこうと考えるのが正解。無理はせずにね」

つ「悪化する可能性もあるんですね !!」

話盛々かまってちゃん女子カルテ

発酵菌名　**夢と現実の狭間で…菌**

発酵度数

40%

周辺環境

彼氏	イケてる女友達の元彼
女友達	自分よりセンスのある人
男友達	本人はいると思っているが、実際はウザがられてる
サークルの先輩	可愛くて人気の人（に、つきまとってる）
サークルの後輩	地味めで自分に憧れている子をひいきする

メンタルバランス

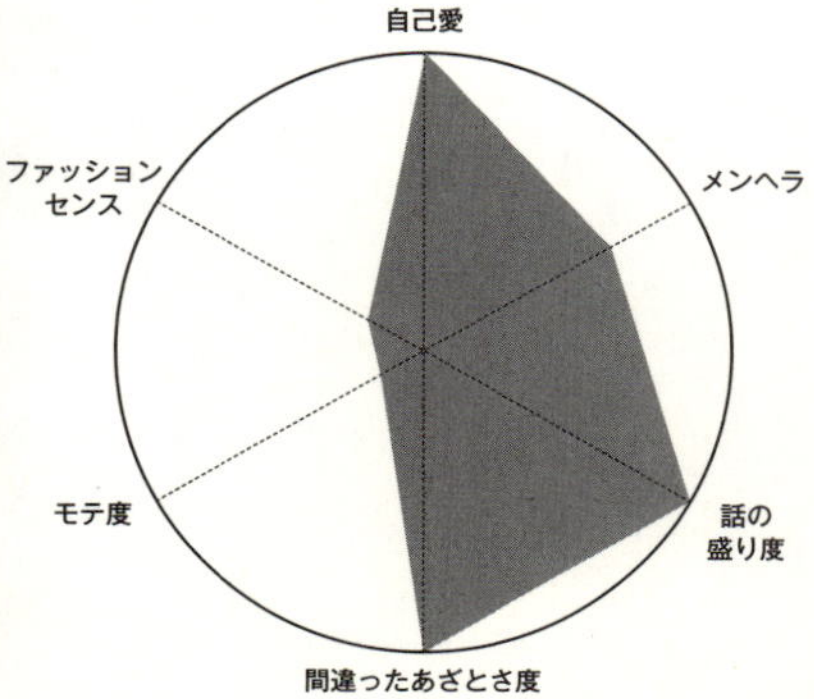
自己愛
メンヘラ
話の盛り度
間違ったあざとさ度
モテ度
ファッションセンス

好きなアーティスト	A.B.C-Z（Jr. 時代から応援してる）

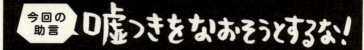

自分を卑下することで絶対的な安全ポジションをつくる

ネガティブ勘ぐり女子

DJあおい 発酵女子 診療録

NO.008

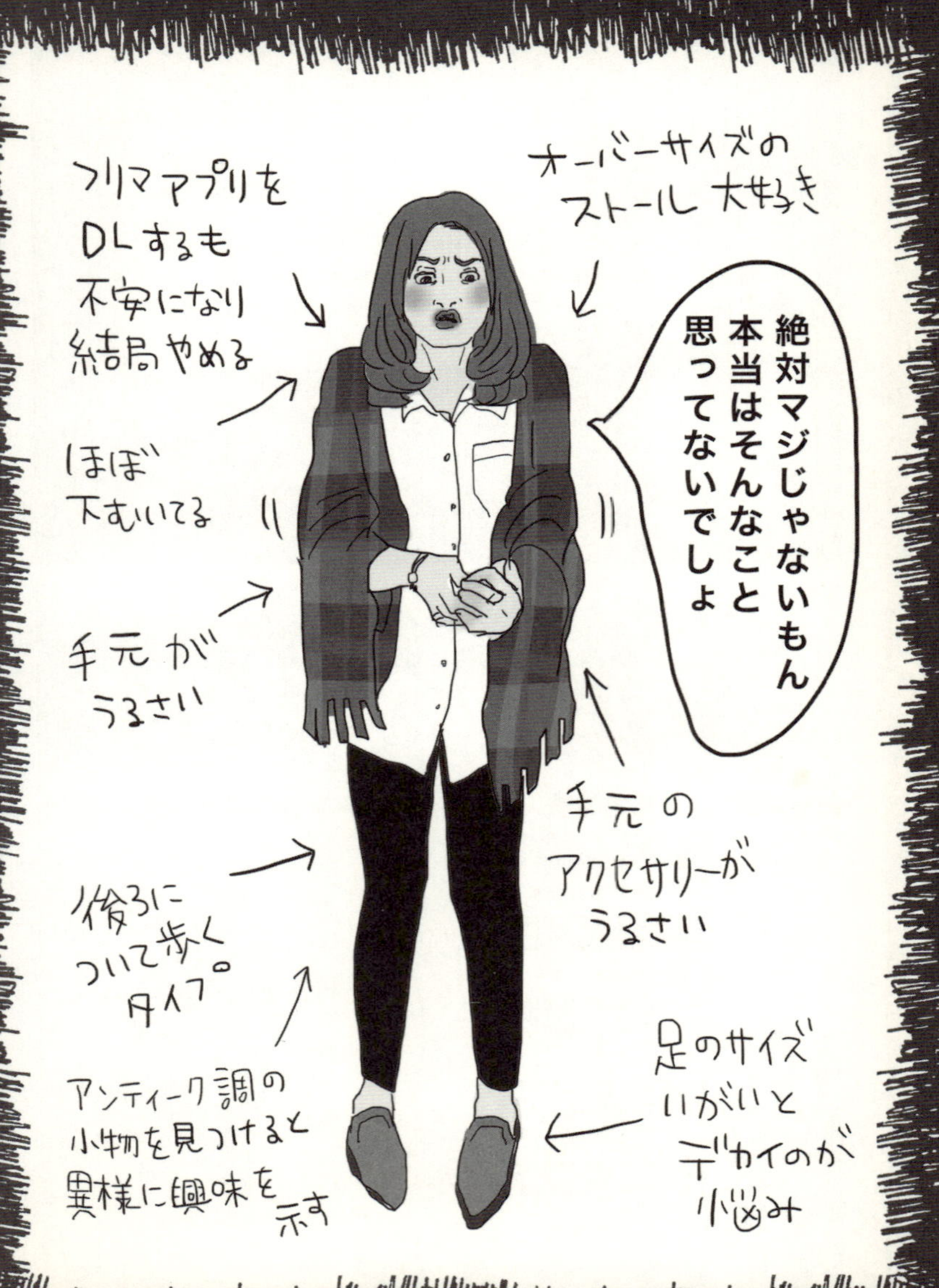

何ごとも悪い方に受けとれば そりゃ楽だろうよ。

いるいる〜！　このタイプは他人からのほめ言葉をネガティブに受けとって、ネガティブをネガティブに受けとる**究極のネガティブ**タイプ。いつまでも自信を持てないあまりに、自分の悪口を言われているんじゃないか…と**あらぬ妄想までしだす**始末…。一体どんな発酵菌なんでしょう。

あ『**叩かれることを回避してる**のよね。最初から自己評価を最低ランクにしておけば叩かれることもない…でも自分の評価は気になるからいつも自分のことを考えている』

つ「OMG…めんどくせえ…」

あ『**〝自信のない自分を可愛がってください〟**という一種のプレゼンでもあるわよね』

あ『上級者になるともっと遠い、どうでもいいことまで勘ぐりだすからね』

つ「暇なんですかね」

あんたさ…
タイムリープしてない？

あ『**被害妄想が過ぎる**のよね〜。そうまでして周囲を気にしながら生きていたらすっごく疲れるだろうに』

つ「自分から疲れるほうに足を突っ込んでいると…」

あ『そうそう。**何ごとも悪いほうに悪いほうに受けとっていれば、楽しくはないけど楽**だもの』

つ「そういうことか〜　確かに楽ではありますね。楽しくなさそうだけど」

あ『でもそれって現状維持…いや、結局は現状を悪化させるだけなのよね』

帰らなきゃいけなかったのに
いつのまにか夏が来た

つ「どういうことですか??」

あ『自信がないタイプは、つぼゆりが言ったように暇な人が多いのよ』

つ「やっぱり！　じゃあ暇にならないくらい趣味か何かに没頭すればいいのに」

あ「ところが、それもできないのよね～」

つ「やりたいことが見つからない…とかそういうアレですか?」

あ『いや、**やりたいことがあっても自信がないから踏みだせない**のよ。それで結局何もできないという負のループに陥るわけだ』

つ「マジですか…。す、救えねぇ！！！　希望がねぇ!!」

あ『というかこういうタイプって自信がない自信がないって言うけどさ、じゃあ自信があったら何ができんのかね』

つ「突然の毒舌!!」

あ『だって世の中、自信満々で生きてる人なんていないわよ。みんな、自信があるから堂々としてるわけじゃないもの』

つ「まぁ、そうですよね。じゃあ、ネガティブ勘ぐり女子と普通の人の違いって一体…」

あ『さっきも出てきたけど、〝**楽しむか、楽をするか**〟よね～』

つ「そうか～。まあ楽をするのもアリだけど、人間誰しも頑張ってない人には魅力を感じませんもんね…楽ばかりしていると本当にネガティブループになっちゃいそうだな～」

あ『大丈夫、今からでも遅くないよ!!　チャレンジしよう!』

つ「エッ」

あ『いけるいける!　どんな人もはじめは初心者だったんだ!!!』

つ「そ、そうですね」

あ『できるできる!!　そこだ!!!　なんでそこであきらめるんだ!!』

つ「はい切れた!!　君の未来切れたよ!!（ネタ理解）」

あ『君に足りないのは勇気だ!!!』

つ「そうさ!!　越えてこ!　自分とか、決まった未来とか越えてこ!!」

あつ『いっけぇぇぇぇぇぇ!!!』

今回の助言

表だけ受けとれ!!!!

あ「悩める“ネガティブ勘ぐり女子”のみなさん、あなたを救うのはズバリ“表だけ受けとる”ことよ。たとえ裏のあることだったとしても、それをわかった上で表だけ受けとったほうがいいわよ。大事なのは、そのまま受け止める勇気だけ！　素直に受けとってくれる人には、だんだん周囲の人たちもそのままの本当のことを言いたくなるはず。いい意味でね。ああこいつには裏のある悪口通用しないなって思うから。まあ、自分のことばっか考えて自信ない自信ないってウダウダ言ってる人に、自信持ってほしくもないけどね!!」

つ「YES!!　衝撃的発言ありがとうございます!!」

ネガティブ勘ぐり女子カルテ

発酵菌名　表で待ってる。菌

発酵度数

50%

周辺環境

彼氏	っぽいものは一応いる
女友達	世話好きな子
男友達	イベントがないと関わらない
妹	クラスでモテるタイプ
お父さん	家庭内で絶対的な権力を持っている

メンタルバランス

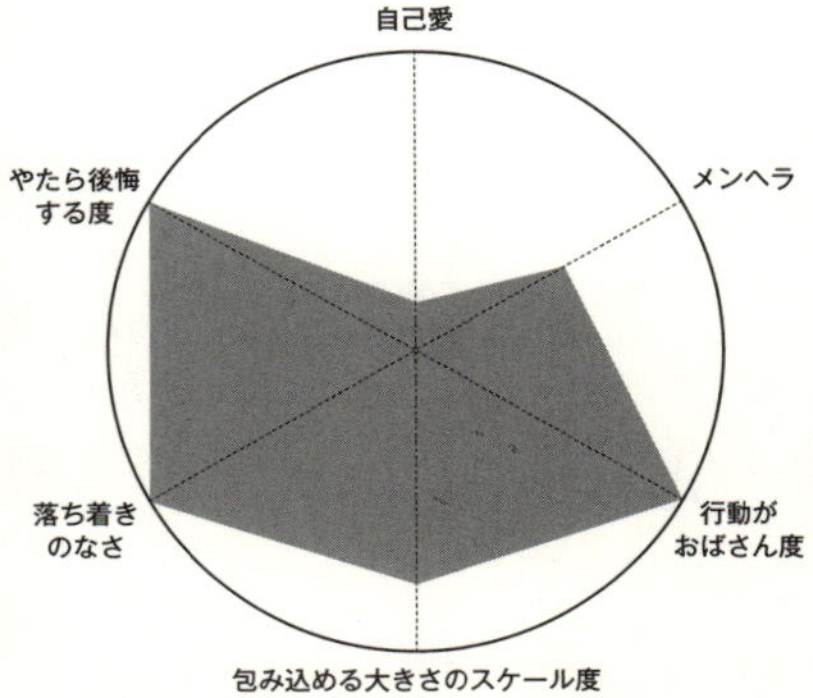
自己愛
メンヘラ
行動がおばさん度
包み込める大きさのスケール度
落ち着きのなさ
やたら後悔する度

好きなアーティスト	RADWIMPS

相手に対してまったく壁をつくらない勝ち気メンタル

NOガード女子

DJあおい 発酵女子診療録

NO.009

自分が上に立つためのマーキングをしているのよ。

いるいる〜！　このタイプはパーソナルスペースが**極端に狭く、初対面の人に対してもグイグイ絡んでいく**タイプ。同性に対してもそうですが異性に対してそういった行動をとることが多く、なんだかんだ異性から注目されやすいタイプである。

つ「臨時ニュース、臨時ニュース！」

あ『なんね？　なんね？』

つ「最近じゃパーソナルスペースのやたら狭いグイグイ系女子がいるって噂だよ！」

あ『え、マジ？　じゃあ今日も元気に斬っていこー！』

あつ『**イカ、よろしく〜〜♪**』

あ『勘違いさせやすいタイプっているよね』

つ「そうなんですよね。大体、初対面だとお互いガードしてることが普通なのに、いきなりガードなしでツッコんでくる…そこにドキドキの吊り橋効果が生まれるんですかね？」

さあ ニンテンドーのスプラトゥーンで検索だ！

あ『まあ、ビックリはするだろうけど…男性が女性からされた場合、その人の香りとか、**体温までわかる距離だと一日中その人のこと考えちゃうよね〜**』

つ「そうか！　普通の人が視覚のみなのに対して、思い出す要素が増えるんですね！」

あ『マーキングみたいなもんよね、自分の縄張りみたいな』

つ「でもそれって嫌いな人にされたら嫌悪感しかない気が…。男女間でマイナスになってしまうこともあるんじゃないですか？」

ナワバリバトル

あ『男女の関係以前に、**ここで大事なのは主従関係よ**』

つ「しゅ、主従関係…!?」

あ『例えば初対面の相手に挨拶するとして、**お辞儀をする人VS握手を求める人**だったら、どっちのほうが強そう？』

つ「断然握手ですね。あっ、なるほど」

おはよう
…そしておやすみ

あ『それと同じで、**無意識のうちに最初から自分が上に立つためのマーキングをしてる**のよ』

つ「なんと…。恋愛うんぬんじゃなく人間レベルのマーキングか…」

つ「よっぽど自分にコンプレックスがないんですかね。自分だったらなかなかこんな大胆なことできなさそうなんですけども」

あ『ないんじゃなくて、**自分のコンプレックスに気づいてないのよね**』

つ「き、気づかない!? 鈍感すぎませんか!?」

あ『彼女にあるのはただひたすらの勝ち気のみ…』

つ「なんなのこの人…」

ダメだ…完全に自分を見失ってる！ 呼びかけにも反応しないぞ…！
向かってくる！ 向かってくるぞ！

あ『今まで**反省したことがないくらい、人のせいにしてやってきてる**から、自分をかえりみるなんてこともしない』

つ「うーん、なんか得して生きてきてる感じがして癇にさわります」

あ『上に立たれることが嫌な人もいるし、そうやって引っ張っていってほしい人ばかりでもないし。実際**こういうタイプって友情が長続きしない**から、付き合いの長い友達もいないことが多いし…特に謙虚な日本人ウケはあんまりよくないかもね』

つ「裏表がない人って好かれるイメージでしたけど、こうやって裏目に出ちゃうタイプもいるんですね。前だけを見ていてもいつか何か大切なものを見失ってどこかに落としていくこともあるのかもしれません…」

あ『しかし彼女はかえりみないので、ショックも悲しさも感じないのかもしれません…』

つ「そしてセーブポイントに戻り、また前だけを見てマーキングをしていくのかもしれません…」

あつ『**エンドレスオンラインゲームだぜ…！**』

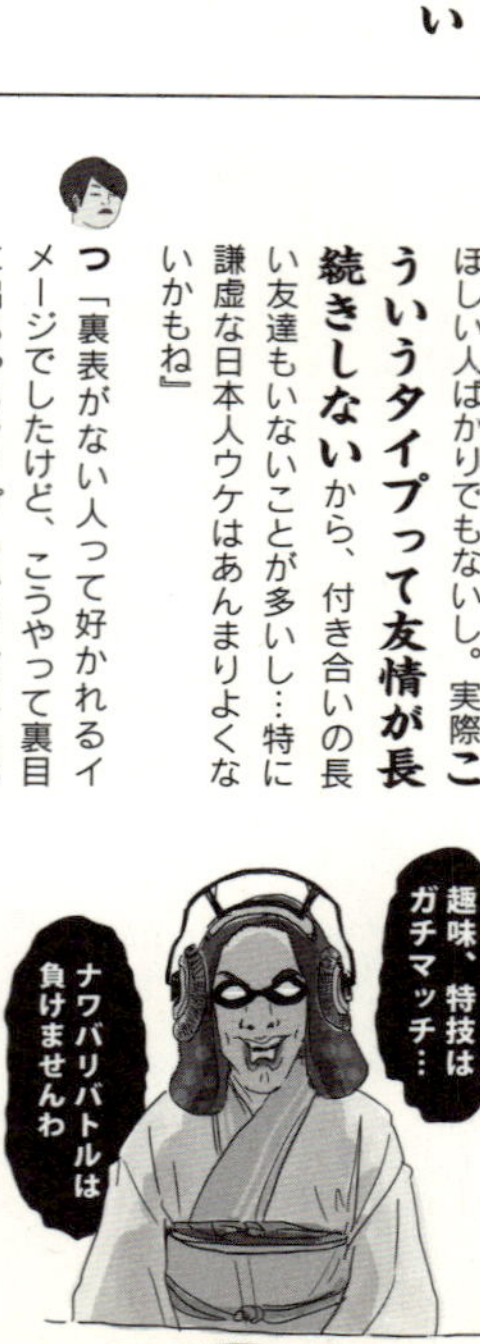
趣味、特技はガチマッチ…
ナワバリバトルは負けませんわ

今回の助言
勝ちたいなら攻めてけ!!
あ「迷える“NO ガード女子”のみなさん、あなたを救うのは…っていうか､､､今回は、NO ガード女子の被害にあっているみなさんに助言を！　あなたたちを救うのは、負けずに押していくこと !!　引いたら負け。その時点で主従関係ができてしまって相手の思うつぼ !!　もし NO ガード女子からの迷惑に悩んでいるんなら自分もタックルして倒していくくらいの気持ちで強く対立して！　そのくらいがちょうどいいのよ」
つ「周囲への助言！　ありがとうございます !!!」

NOガード女子カルテ

発酵菌名　無意識イカれ菌

発酵度数

50%

周辺環境

彼氏	いる（イケメン）
女友達	自己主張の少ない子
男友達	女好きでモテ系
妹	文化祭ではクラス出店のお好み焼きを１回焼いてた
お兄ちゃん	弟が中学生のときに買ってきた亀

メンタルバランス

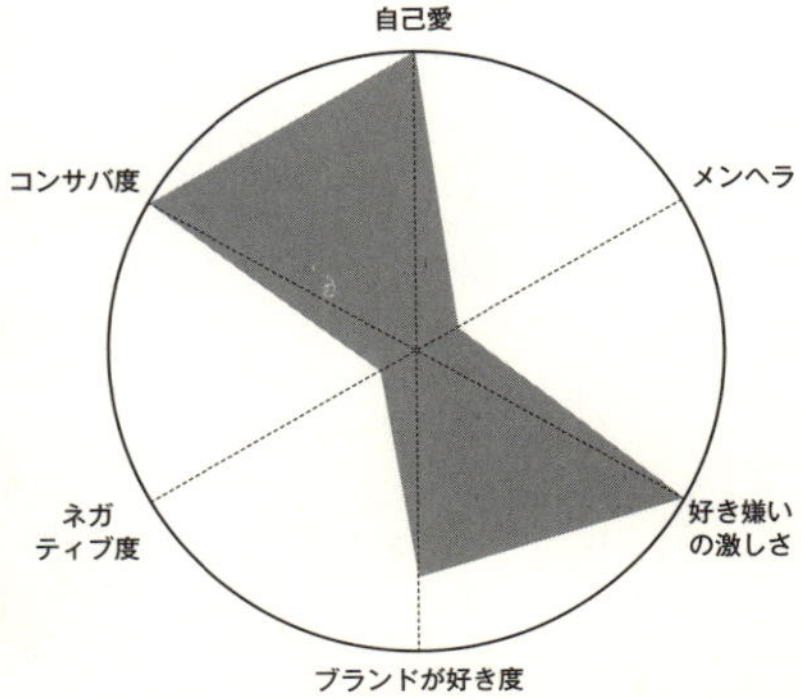
自己愛
メンヘラ
好き嫌いの激しさ
ブランドが好き度
ネガティブ度
コンサバ度

好きなアーティスト	平井堅

人の真似をして、自分を可愛くプロデュースする達人

パクリマスター女子

前髪行方不明
流行によってかえるのでプリンで死んでる髪
1杯 ひっかけてきましたチーク
何かを口の中にとじこめている笑顔
楽しいよよよ〜
どっかに貝殻を装備してる率が高い
バグってる
今日の予定にまったく関係ないものが入っている率が高い
白い鎧を装備
厚底を装備

真似した人の『下につく』じゃなく『奪いとる』のよ。

いるいる〜！　このタイプは自分が「いいな」と思ったら、**それが誰のものであろうと次に会ったときにはもう同じものを買って手に入れている人。**本人に悪気がないところが憎むに憎みきれないところ。…はたして今回はどんな発酵をしてしまったのでしょうか？？

あ『そうねぇ…**オリジナリティがない**のよね』

あ『**まだ自分ができあがってない**のよ。どんなファッションで、どんな人になって生きていこうか決まっていない。そして自信がないから、それをいつまでも決められずに迷っているのよ』

つ「それで周囲の真似をしだしてしまうのか…周りからしたらいい気はしなさそうですが…」

あ『自分を持っているように見えるから、わかりにくいのよね。まさか自分が真似されているとは思わない…気がついたときには時すでに遅し…』

ピガー
※スキャンの音
おまえはもう…完コピされている

つ「なるほど…男社会ではこういうタイプって存在しないんですかね？」

あ『男社会では、暗黙のルールで〝やったほうが負け！〟。その人の下についた感じになるみたい』

つ「いや〜でも女社会でもそうじゃないですか？　やったら下につく感じありますよ〜」

あ『でもその先があるじゃない？　**女はさ、その先の〝誰か〟にうらやましく思われたい、可愛いと思われたいから真似する。真似した先の欲望**があるのよ。そうね、〝下につく〟じゃない、奪いとる…〝勝ちとる〟って感じよ』

ドサァ
それもうガウチョじゃねえよ…

つ「ターゲットにされたくないですね」

あ『その人のすべてに憧れている場合、すべてそっくりにしたがることもあるわよね』

つ「じゃあもし真似している憧れの人がいなくなるとどうなるんでしょう？ 今まで参考にしていたモデルがいない…例えば職場が変わったりして、観察＆真似できなくなったら困りますよね」

あ『困らない困らない！ そうなったらすぐ代わりを見つけるわよ。たとえ**参考にする人の全身がすぐれていなくてもいい**んだもの。ちょっとずついろんな人のいいところを集めて、最終的に自分の中で完成形にするんだから』

あ『**悪気があってやってるわけじゃないのが憎みきれない**のよね。彼女は彼女なりの正義感というか、悪いことをしている気でやってないってのがさ』

つ「悪から見たらこっちが悪者で、あっちが正義みたいなことでしょうか？」

あ『う～ん、ただのリスペクトじゃない？ その人をリスペクトしているから、その人みたいになりたくて真似してる…そう、純粋なのよ』

つ「でも自分だったら嫌だな～!! 真似されたら陰で全然悪口言っちゃう自信あるな～!!」

あ『うんうん、本当はそうやって話題にする女のほうがブスなんだよね』

つ「エッ！（裏声）」

あ『本当はそうやって話題にする女のほうがブスなんだよね』

つ「エッ！（裏声）」

今回の助言 **パクリキャラになりきれ！**

あ「悩める“パクリマスター女子”のみなさん、あなたを救うのはズバリ“開き直ってそれすら自分のキャラにする”ことよ。例えば誰かに“それいいね”って言われたときに“コレは○○ちゃんのパクリ、コッチは△△ちゃんのパクリだよ！”なんてね。まぁこれは極端な話なんだけど、そのくらい潔いほうが可愛く見えるってこと。もし相手がパクられた側だったとしても、そんなふうに潔く認められちゃったら許せちゃうもんなのよ。そうやって自分に敵を作らないためにもどこかで潔い返事をするのも手の内よ」

つ「ありがとうございます!!」

パクリマスター女子カルテ

発酵菌名　ピュアなジャイアン菌

発酵度数

60%

周辺環境

彼氏	いる（バンドボーカル）
女友達	オシャレで明るい子
男友達	いない（欲しい）
気になる人	flumpoolの元気くん
目が合う人	電車のおっさん

メンタルバランス

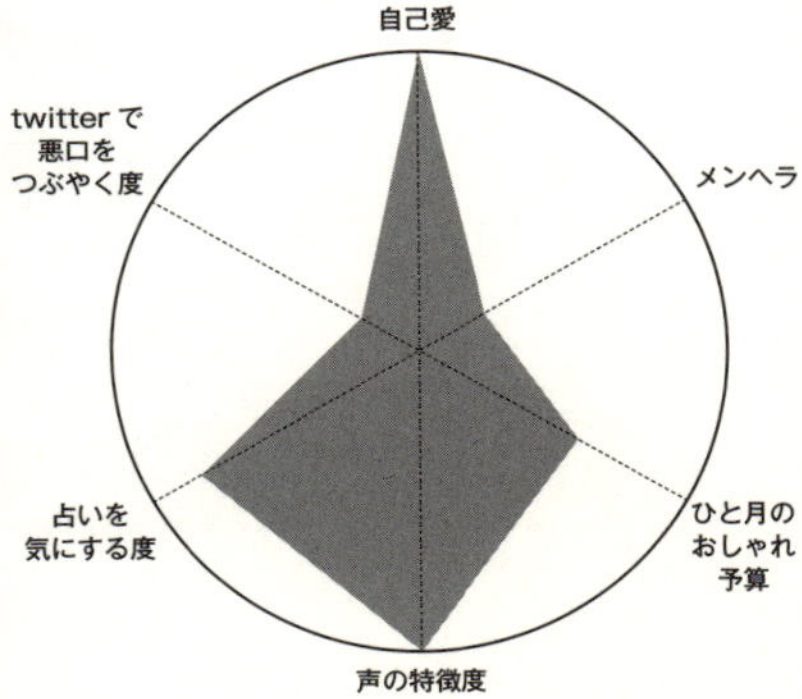
自己愛
メンヘラ
ひと月の
おしゃれ
予算
声の特徴度
占いを
気にする度
twitterで
悪口を
つぶやく度

好きなアーティスト	ゲスの極み乙女。

こんなふうに仕事してます

こぼれネタ01

あの名言はこうやって生まれていた

あ『だいたいこうだね』

つ「なんか…失礼ですけど何もしてないような…」

あ『はぁ〜!?』

つ「す、すみません」

あ『は、おまえ、マジふざけんなよ』

つ「本当すみません」

あ『これはな…あれだよ!!! あれ。その〜〜、本当にあれ。違う、出てこないだけ。なんだっけ…っていうかとりあえず仕事してんだよ!!!!』

つ「す…すげぇ曖昧に返されて不信感しかねぇ…」

あ『いやリアルに答えると、書くのは2割、考えるのが8割だからさ。朝から晩まで同じ姿勢でぼーっとしているように見えるけど…たぶん頭の中はすごい勢いで働いてるんだから!!』

つ「曖昧かよ!!」

あ『でさでさぁ、ずっと座ってると体痛くなるじゃん?』

つ「ですよね」

あ『だからまぁ結局スマホで書きだすよね』

つ「ますます仕事感なくなりましたね」

あ『よーしやるぞーって体勢だとなんか書けなくなったりするよね。つぼゆりもイラスト描くとき、そうなったりしないの??』

つ「ああ、、確かにそうかも!」

あ『〝かも〟? おまえこそ曖昧に返事してんじゃねえよ!』

つ「じゃあ、そうです!!!」

あ『しらねーよ!!!』

つ「くそ、平常心、平常心だ…オレ!!」

可愛いものしか興味がない、自分大好き人間

一人称苗字女子

DJあおい×イラストレーターツポユリの発酵女子《ハッコウジョシ》診療録《カルテ》

NO.011

自分から負のスパイラルに飛び込んじゃってるのよ。

いるいる〜！　このタイプは**自分のキャラクターを自ら設定してしまっているタイプ。**オタオシャレ女子とも似ていますが、一番の違いは〝オタク〟に限定せず自分の中で独自のキャラをつくっているところ。普通の集団行動で調和がとれていれば、あまりいないタイプかもしれませんが…見つけたら間違いなく発酵してます！

あ『オタオシャレと違って、こういうタイプは**結構モテるポジションにいる**のよね』

つ「そうなんですか？　ああ、いつも言う、男子はコロッといっちゃうテクニックか！」

あ『それよ。罠ってわかってもいっちゃうもんだしね、男って』

つ「なんかこのウェブ連載を始めて、男性って女なら誰でもいいんかいって気分になってきましたよ…」

あ『ふふ、全員が全員そうってわけじゃないわよ。そりゃこういうタイプはモテるけど、**女性を選ぶことのできる男性はこんな罠には引っかからない**からさ』

つ「あ、やっぱいるんですね。こういう罠に引っかからない男性も！」

あ『そりゃそうよ。むしろこういうタイプの近くにいる女友達をかっさらっていくね』

つ「え、こんなヤツの近くにいる女友達とか余計危なくないですか…？」

あ『**実はこんなイラッとする子の面倒を見れる優しい子が多い**もんなの！』

つ「へえ〜!!　なるほど！　でもそんな中から探しだして口説くのって大変そうですね…」

あ『それとさ、人と会話するときって、そんなに自分のことばかり話さないじゃない？　誰かがこうした、とかコレの新作が出た、とか周辺の話を普通はするよね』

つ「確かにそうですね。あまり自分の話ばかりしても相手もつまらないだろうし…」

あ『でもこういうタイプは**ベクトルが全部自分に向いている**から、**ほぼ自分に対してのネガティブな発言が多い**のよね〜。やれ前髪切りすぎただの、やれ具合悪くて先日倒れただの…誰もおまえの話なんかしてないっつーの！！！』

来るとき電車で中野のことちょー見てくるオヤジいて
自分のこと
変なケータイケース見てた
え〜やだ可愛いからだよ
え〜違うよォ…でもおまえに見せるためのスカートじゃねーしって思って〜
結構口悪い
マジ一秒でも早く朽ち果ててほしい
結構口悪い

つ「おお…、あおい嬢の嫌いなタイプらしい…」

あ『おばあちゃんになるまで徹底的に自分のキャラつくれるならずっとおかしな一人称使っていてもいいけど、それってイタいわよ。そうまでして**キャラづけしないと生きていけないわけ?**』

つ「う〜ん。ネガティブ発言が多かったり、キャラづけしたり、自分に自信がないんですかね…」

あ『まあそうでしょうね。というか、何か闇を抱えているのかもしれないけど、今どき闇くらい誰でも抱えてんだからさ』

つ「は、はい」

あ『**周りを巻き込むようなキャラづくりって迷惑きわまりないから今すぐやめるべきね**』

つ「なるほど、なるほど…」

あ『まーね、ある意味で強いのはいいんだけど』

つ「そうですね、ここまで異質な存在になることって…普通できないですもんね」

あ『このタイプって、**趣味＝自分**みたいな感じじゃない? 複数人数で会話してたとして、盛り上がって楽しくなってきても…こういうタイプに突然の自分語りされちゃったら興ざめよね』

つ「あ〜、始まった…聞いてやらなきゃって気持ちになりますね(笑)」

あ『そうそう。自分からそういう空気をつくりだしちゃってるのよね。ネガティブな発言も同じように、**自分から負のスパイラルに飛び込んでいっちゃってる**のよ。あたしなんか〜ってさ』

つ「そうかー、なんかもったいないですね」

あ『同情はしないけどさ』

つ「で、ではアドバイスを…」

今回の助言　自分のことを忘れる時間をつくれ!!

あ「悩める“一人称苗字女子”のみなさん、あなたを救うのはズバリ“自分はこの程度の人間だ、というのを忘れる時間をつくる”ことよ。いい？人と一緒にいることが好きなあなたは、友達と会話をすることも多いはず。そんなときに毎回毎回自分から負のスパイラルに飛び込まないことね。それって相手も楽しくないから。普通は何をするにしても楽しいとき、自分の程度とかそういうものを忘れてるもんなの。自分はこうだから〜とかウジウジ悩む時間があったらもっと自分のことを忘れる趣味を見つけなさい。じゃないと、だんだん近くにいてくれていた友達まで愛想をつかしていなくなってしまうわよ」

つ「ありがとうございます!!」

一人称苗字女子カルテ

発酵菌名　れいんぼーからーゆるふわヘアドール　やさいジュースろりぽっぷふぁぼがーる菌

発酵度数

40%

周辺環境

彼氏	いる（イケメンでオシャレ限定）
女友達	自分と同じタイプ（オソロが好きな子）
男友達	イケメンでオシャレ限定
サロンの担当	読モのヘアスタイルつくってる人
お兄ちゃん	流行はよくわかんないけど友達感覚で仲よし

メンタルバランス

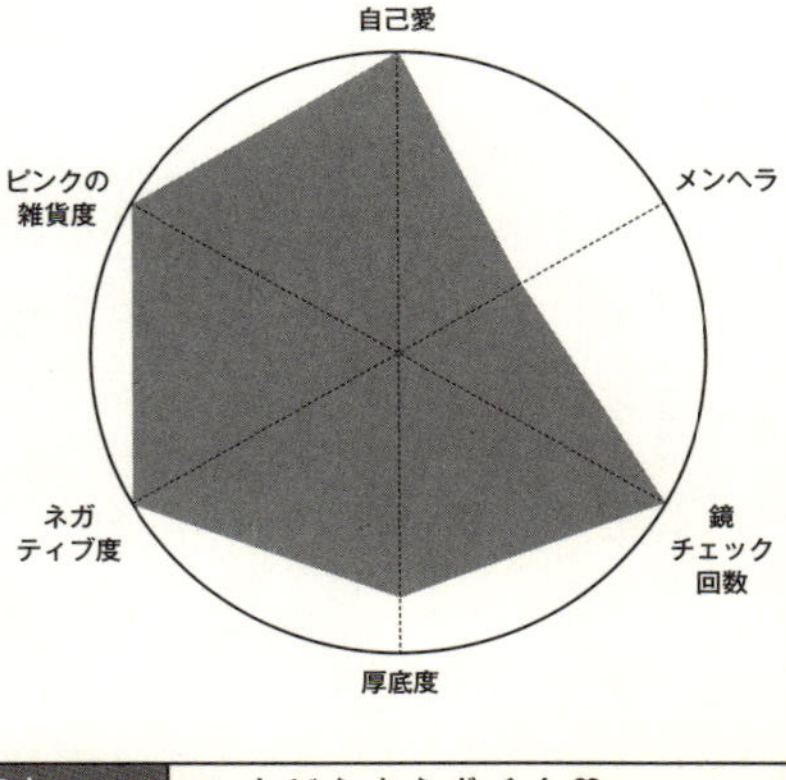
自己愛
メンヘラ
鏡チェック回数
厚底度
ネガティブ度
ピンクの雑貨度

好きなアーティスト	こんどうようぢくん♥

大声という技のみで自分の存在を周囲に主張する

リアクション芸人女子

DJあおい 発酵女子 診療録

NO.012

リアクションのため
なら髪をぐしゃ
ぐしゃにする
力強い顔芸
マジか～！
ウッソォォオ～！
相手ではなく周囲を見る目
ちょっとまって
ちょっとまってぇ
エエエエエエ～！
実際はそんなにびっくりしてない
ひざをまげて次のシャウトへのスタンバイをする
本当は全部どうでもいい
2度にわけておこなわれるシャウト

必要ないわけじゃないけど、別に必要でもない。

いるいる～！　このタイプはグループに1人はいる、リアクションが人よりデカめなタイプ。**いつも中心にいたい&目立ちたがりの性格**のため、ことあるごとに大声を出して周囲の気を引こうとします。しかしいざ自分がいじられる側になると途端に真面目になり「やめてよ！」とか本気で言っちゃう、**芸人になりきれない中途半端なタイプ。**　…はたしてその発酵度数やいかに！

あ『1グループに1人はいてほしいけど2人はいらないくらいの欲しさ』

つ「需要はあるけど席は少ないんですね…確かに飲み会とかでいたら盛り上げ役として助かるけど、何人もいたらちょっとウザいかなぁ」

あ『本当にネタを持ってるならいいけど、**単なるリアクション芸**だからね…真面目な会話をしようにも真剣な会話ができるのかが謎じゃない？』

つ「まあ真面目な話をしようと思うタイプではないかなぁ…」

あ『ある意味明るくていいんだろうけど、このポジションにいる限り男性も寄ってこないわ、彼女自身も**本当に何でも話せる人とは出会えない…損なポジション**なのよ』

つ「じゃあなんでわざわざ彼女はこんなポジションを選んだんでしょうな」

あ『要は〝モテる〟〝モテない〟とかの問題ではなく〝目立ちたがり屋〟なのよね。でも話術があるわけじゃないから**大声を出して自己主張をする目立ち方しかできないのよ**』

つ「なるほど」

あ『**感情表現ができる人はそんなに外に出さないもの**。自己主張の表現力がないから、その足りない表現力を補うものとして声が大きくなってしまうのね』

つ「まぁ、ちょっと、そういった欠点があるにしろ…愛されキャラですよね?」

あ『いじられキャラに徹底してくれたらね』

つ「??　いじられキャラじゃないと愛されないんですか??」

あ『このタイプは周囲が思っているよりも〝私って面白い!〟と思っているから、**いじられキャラにされると本気でキレたり**すんのよ』

つ「うわっ、出たよマジになるヤツ」

マジにキメてくスタイル

あ『だから**ヘタにツッコめない**し、かといってスルーすると〝自分の面白さをスルーされた〟って駄々こねだすし…』

つ「想像以上に面倒くさいタイプですね」

想像を超えてくスタイル

あ『**必要ないポジションではないんだけど、必要なポジションでもない…**いたらいたで一応周囲からうまくは使われるだろうけど彼女になんの得も残らない…』

つ「完全な脇役じゃないですか」

あ『そう。でも本人は必死で気がついてないのよ。ダメダメ!　早く自分がうまく利用されてることに気がつかないと!』

つ「そうだそうだ!　目立つだけが人生じゃないぞ!」

あ『そしてもし、〝いじられキャラ〟になっていたとしても、とても**消費の早いポジション**よ。あなたがそこにいることで得はない!!』

つ「そうだそうだ!　芸人なんか寿命短いぞ!!」

人を楽しませてこそ本当のエンタテイナー

リアクション芸人女子　座右の銘

今回の助言　芸人やめろ!!

あ「迷える“リアクション芸人女子”のみなさん、あなたを救うのはズバリ“芸人をやめる”ことよ。そんな損なポジション早く降りちゃいなさい。毎日そうやって目立たなくても、もっと得な生き方があるはず。自分を可愛がってあげなさい。自分で思うほど、そのポジションは必要とされてないんだから。リアクションをして周囲の注目を引く前に、話題を振ってくれたその友達の話を親身になって聞いてあげなさいな」

つ「最近で一番まともなこと言いましたね」

あ「はぁ疲れた。閉店ガラガラ～」

つ「芸人オチかよ !!」

リアクション芸人女子カルテ

発酵菌名　DJ盛り上げ役とMCひきたて役菌

発酵度数

30%

周辺環境

彼氏	いない（あまり興味ない）
女友達	いるけど浅い
男友達	男より人気をとるかで興味ない
サロンの担当	自分より世渡り上手
お母さん	コミュ障でヒッキー

メンタルバランス

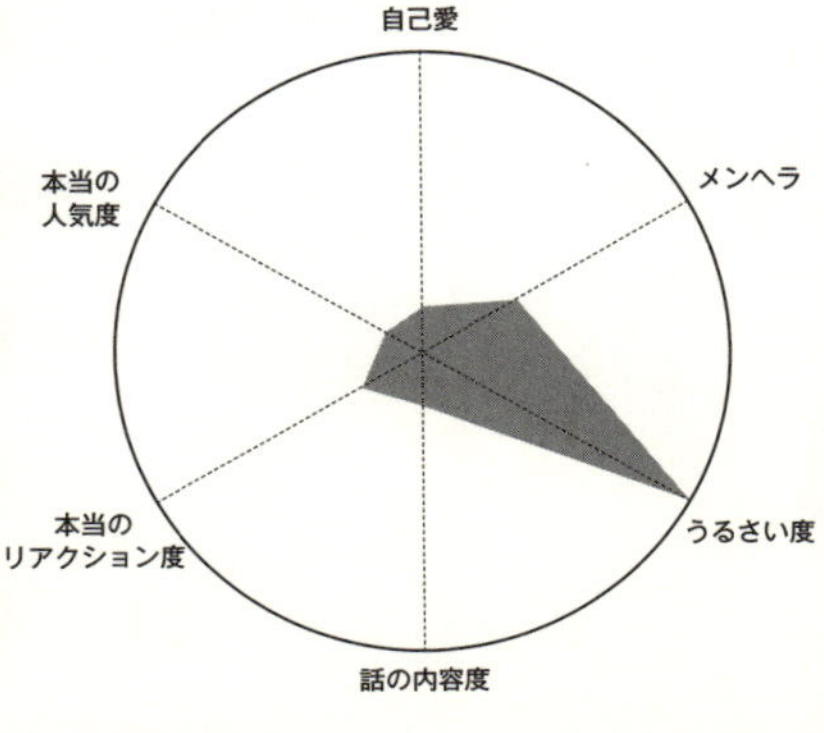
自己愛
メンヘラ
うるさい度
話の内容度
本当のリアクション度
本当の人気度

好きなアーティスト	Afrojack

喫煙所が唯一のオアシス、年中体力温存型

ニコチン女子

DJあおい 発酵女子診療録

NO.013

人それぞれストレスの発散方法があるってこと。

いるい…密かにいる〜!　このタイプは早いうちから**ファッション感覚でタバコを吸い始めた**ものの、最近では喫煙場所も限られ、この禁煙社会において**いろいろなストレスをため込んだあげく、それをまたタバコで解消。**さらに周囲からの「〝まだ〟タバコ吸ってんの?」という言葉に取り残された感覚を味わいつつ日々を過ごしているタイプ。どことなく何かをあきらめたようなニュアンスで会話をするのが特徴です。

あ『かわいそうに』

つ「本当に最近、喫煙スペースって限られてますよね〜。前までは外で喫煙している女性は結構いましたけど…今は本当に見かけないというか」

あ『いるにはいるんだけど表に出てきにくいわよね。今もし女子会でカフェに行ったとしても、みんな禁煙席に行くじゃない?　そんななか1人タバコ吸うって無理よねぇ』

つ「そうか…女子のグループ行動にも支障をきたしてしまう可能性もあるんですね」

あ『タバコを吸ったあとにそのまま戻ると〝クサイ〟って言われたりもするし。会社や取引先関係にそう思われないように…とかいろいろあるわよね、特に女性の喫煙者は』

つ「ああ〜本人の憩いの場がどんどんなくなっていきますね」

あ『吸いたいときに吸えない…それで彼女のストレスはたまる一方』

あ『そんな日々を乗り越え、**吸った1本のタバコはまるで一蘭のラーメン**』

つ「い、一蘭!?」

あ『**そこは上司や友人に何も言われることのない閉鎖的空間。**人間関係や周囲の環境に疲れた心理状態でも無表情のまま癒されることのできるオアシス…。味の濃さ、トッピング、麺のかたさまで**〝本来の自分〟の意思に忠実に動くことができる。**それはさながら喫煙所で1本のタバコを取り出すまでの無駄のない熟練された動き…』

つ「ええと」

あ『この空間で考えることは普段の生活の不満や誰かの陰口ではなく、ただひたすら、このあとやってくるであろう自分好みの味への期待感のみ』

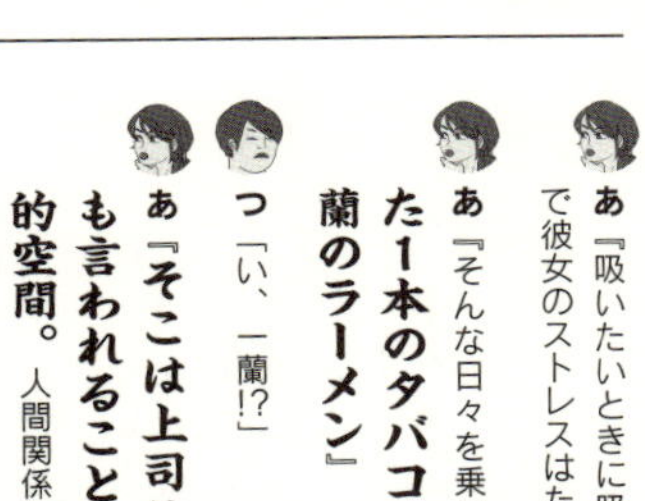

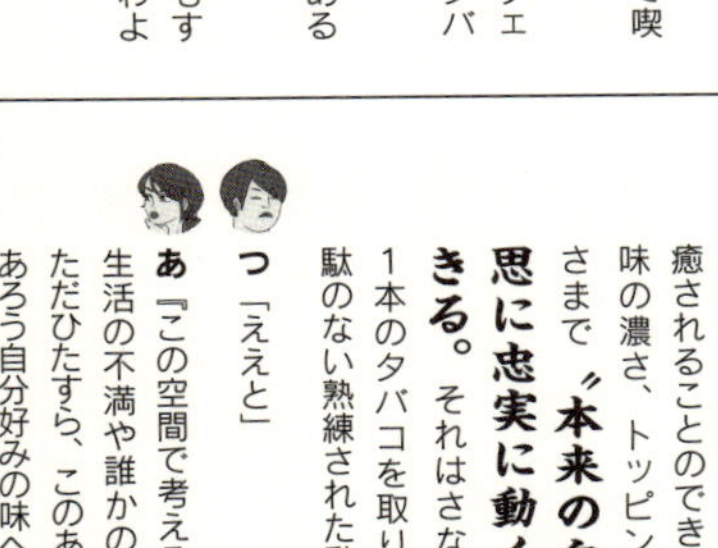

あ『そして何と言っても食べ終えたあとの幸福感。先ほどまでのイラ立った気持ちはどこかに消え、**周囲からコントロールされていた気持ちから、自分自身をコントロールできたような気持ちの変化に安堵する**』

つ「あのぅ」

あ『つまり…人にはそれぞれストレス発散方法があるってことよ…』

つ「と、言いますと」

あ『そもそも納得いかないのよ。**同じストレス解消方法でも夕バコを吸う女子より、甘〜いカップケーキ食べてる女子がチヤホヤされる**という事実』

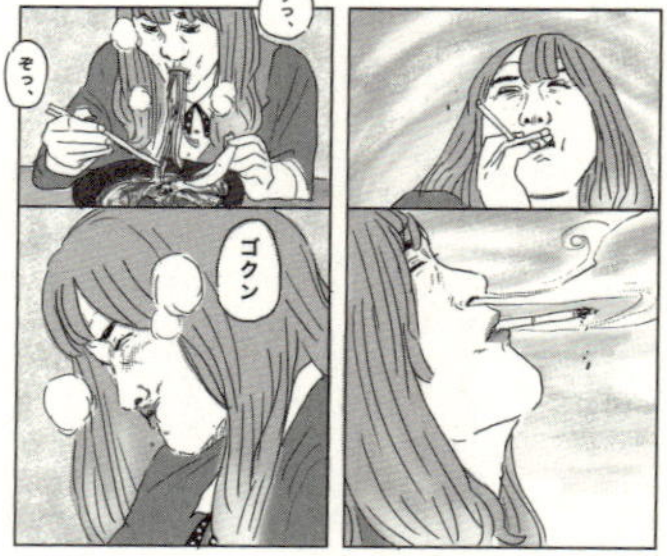

つ「ああ〜。可愛いもの食べてると可愛く見えますよね」

あ『そして平然とした顔で〝え〜タバコは毒だよっ〟とか言うじゃない。**じゃあ君の食べているそのコッテリスイーツは毒ではないのかい？**』

つ「タバコと同レベルの毒かはわかりませんが、それでニコチン女子にだけ辛くあたるのは確かに少し棚上げ感があるかもしれませんね〜」

あ『そうそう、ニコチン女子ばかりが孤立した空間にいるのはおかしいわよ。人より多く税金払ってんのに申し訳なさそうに喫煙所行ってさ。４年付き合ってる彼氏とは朝から些細なことでケンカしてさ。洗濯物は洗濯機に入れっぱなし、冷蔵庫にはコンビニ弁当でさ』

つ「だから具体的だなオイ」

あ『そもそも、〝タバコ〟とか〝喫煙所〟が悪いイメージだから肩身が狭くなってるのかも。何かちょっと言い方を変えるとかしてみたらどうかしら』

つ「言い方ですか」

あ『一服後にファブリーズをシュシュっとして持ち場に戻る…』

つ「白いモヤ…霧の中…か」

つ「なんかさらに闇が深いな」

あ『でもそうやって言葉を変えていくのはアリかもしれないわよね』

つ「は、はい!!」（なんだ…？　ラーメンのことしか頭に残らなかったぞ…？）

これでいいのか連載…（手記はここで終わっている）

今回の助言

話術でのりきれ!!!

あ「悩める“ニコチン女子”のみなさん。あなたを救うのはズバリ“話術でのりきる”ことよ。もちろんそのまま“タバコ吸ってくる”って言うのもサッパリしてていいんだけど、小言を言われがちで、それを嫌に思っているんだったら正直に言わなくてもいいんじゃないかしら？　そこでバレバレでも何らかの嘘をついたり、ジョークを言ったらまた会話も明るいほうに広がるかもしれないしね」

つ「ありがとうございます!!」

ニコチン女子カルテ

発酵菌名 **孤独のたばこ菌**

発酵度数

周辺環境

彼氏	今はいない
女友達	喫煙所で仲よくなった
男友達	喫煙所で仲よくなった
妹	特に干渉してこない
お兄ちゃん	アジア系外国人

メンタルバランス

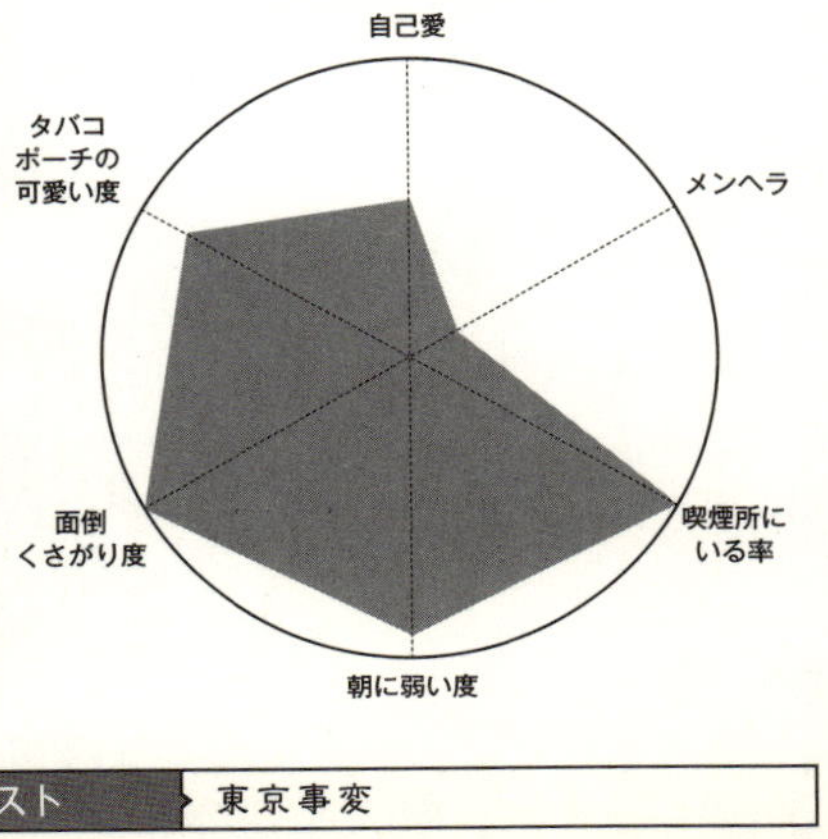

好きなアーティスト	東京事変

ノッポで得をしたことがない普通体型の地味顔

長身コンプレックス女子

DJあおい 発酵女子 診療録

NO.014

※鼻息荒い
フーン
ストレートロングヘア（染めない）
真顔率高い
アタシはぁ…
※「私」とは言わない
ルームウェアだけフリルとか着る
（外ではクール系）
ゆるニットもルームウェアで着る
※さらにデカく見えるから
外では9割デニムスキニー
（同じようなデニムを12着持ってる）
歩くときは基本大股

長身コンプレックス女子あるある

小学校高学年のころから洋服のSサイズに憧れている

> ほぼこういうタイプって
> メチャクチャねこ背だから。

いるいる〜！ このタイプは一見発酵してなさそうに見えますが…本当はキャラものとか可愛い服が好きなのに、身長が高いゆえに女子グループの中では常に格好いい役を演じなければいけない宿命を背負っているタイプ。もう発酵っていうか生まれながらじゃん…いやそれは違う‼ 本当の自分とのギャップに傷つき傷つけられながら成長し、ジワジワと発酵してしまっているタイプなんです。

あ『本当にかわいそうな発酵菌ね』

つ「生まれながらですもんね。でも身長高いことがそんなにマイナス要素だけって感じはしないんですけど…」

あ『そこよ！ もともと低身長〜普通くらいの女子にはわからない苦悩なのよ。コンプレックスはだいたい中学生くらいの周囲の接し方でできあがってくるわ』

つ「そういうことか…」

あ『**目立ちたくないのに目立ってしまう**…だからこそ極力目立たないように背景のような学校生活を送ることもある』

あ『このくらいの年代の男子の心ないひと言や、同性からの勝手なキャラづけにより**《格好いい&クールな私でいなければならない》という結論が出てしまうのよね**』

つ「自ら払拭することはできないんですかね」

あ『内面や趣味からのイメージなら変えられるけど、外見って難しいわよね、しかも身長。ほぼこういうタイプって、**メチャクチャねこ背**だから）

つ「なるべく目立たないように、背が低く見える苦肉の策…」

あ『**よく男性が言う《俺、身長は気にしないかなぁ〜》っていうのは詳細は《本当は小さいほうがいいけど、身長高くてもいいよ》**っていう含みが入っているのよね』

つ「そうか…そういう含みで、言葉には出ない部分で傷ついているから他の人にはわかってもらいにくい悩みなんですね～。やっと少し理解できました」

あ『だから、だんだん本当の自分とのギャップで発酵していくのよね』

つ「言っちゃいけないけど、いい意味のギャップではなさそう…」

あ『《本当はこうなりたかったのに…》みたいな自分を意識しすぎて、**夢を捨てきれずに怖いギャップを持ったまま育ってしまう…**これぞリアルホラーー！！！』

つ「本当の自分こそがホラー…！！！」

あ『もはや往生際が悪いんだよ、背が低い子より似合わない！　それはまぎれもない事実であって今後も変わることではないんだから』

つ「オッ…。いきなりズバッと斬ったぜ…」

あ『**ブリブリしてチヤホヤされんのなんか若い内だけ**なんだから早く卒業して自分の魅力を出していったほうが何十倍も利口よ』

つ「じゃあもう、可愛いキャラになることを捨てろと!!」

あ『そう。だってそこに執着してもそんなに得ないわよ。ブリブリした可愛らしさにコロッといく男なんかより、長身コンプレックス女子が普段格好よく見えるのにヘマして照れてたり、そういうところに気がついて〝可愛いな〟と思う男のほうが本当にいい男でしょ』

つ「せせせ正論です…」

あ『さあ今すぐ**キャラものを捨てなさい**。目につくとこに置いちゃダメ！』

つ「しょ、焼却セヨ～!!　焼却セヨ～！！！」

今回の助言　自分の魅力を知れ!!

あ「迷える“長身コンプレックス女子”のみなさん、あなたを救うのはズバリ“自分の魅力を知る”ことよ。いつまでも幼少期ネタを引きずらない!!　本来の自分の魅力と、なりたい自分の距離を自分の中でハッキリさせることね。背が低い男性と結婚して子どもに夢を託しちゃいなさい。それで、あなたはもうそのコンプレックスを卒業すること！　自分から幸せを遠ざけてるわよ～」

つ「ありがとうございます !!!」

長身コンプレックス女子カルテ

発酵菌名　キャラ★コン（Character ★ Complex）菌

発酵度数

70%

周辺環境

項目	内容
彼氏	生まれてこのかたなし
女友達	仲よしはいない（地味な子とたまに話す）
男友達	いない（話さない）
家での友達	キャチュちゃん（ぬいぐるみ）
家での友達	マユちゃん（ぬいぐるみ）

メンタルバランス

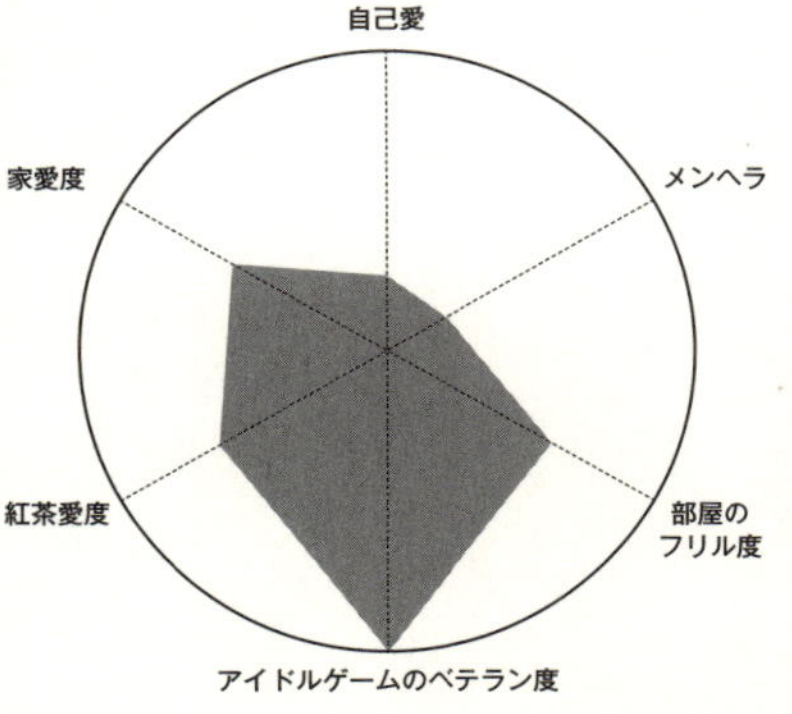
自己愛
メンヘラ
部屋のフリル度
アイドルゲームのベテラン度
紅茶愛度
家愛度

好きなアーティスト	Silent Siren

お気に入りの１枚が撮れるまで１００枚は撮影する

詐欺セルカ女子

DJあおい 発酵女子の診療録

NO.015

※変なシャッター音に設定
パポン
パポン
何もないところをただひたすら見つめるポージング
100回くらい撮りまくる
重力を利用して肉をスッキリ見せるテクニック
いろんな肉を隠すためのストレートロングヘア
足はアザとか結構ある
昔運動部

盛々の写メは男は引くもんよ。

いるいる～！　このタイプはＳＮＳに定期的に可愛く見える角度で撮った**最高の自撮り写メを配信**していますが、**現実ではそんなにモテていない**タイプ。過去に自分と知り合った人に対しても〝ほら、今はこんなに可愛いのよ！〟という**自分のイメージの上書き**でもあります。さらにＬＩＮＥの自撮りアイコンをコロコロ変え、「アイコン変えたんだね～久しぶり～！」なんて言ってくる男友達からの連絡をじっと待っていることも…さて、一体どんな発酵菌に感染しているんでしょう？？（この時点でなんか濃そうだぞ!!）

あ『ふふ…**詐欺写メが流行りだしたと同時に正比例して男性の目も肥えてきている**のを知らないのね』

つ「えっ、ここは男性はだまされてくれるものかと思ってました」

あ『詐欺写メに男性がだまされる時代も、そろそろ終わりよ』

ズ…ズズ
ズズズ…
やはりここだったか…
時空の歪みだ！地球に帰れるぞ！
※写真加工

あ『たとえＳＮＳで自信を積み重ねたって意味ないんだから。もし元彼に向けて発信しているのであれば逆効果、〝**可愛くなったな！**〟**なんて思う男はいない**わ。〝行動がイタい…〟そう思われて終わりなのよ』

つ「まぁ女から見てもＳＮＳに命かけてる感じがイタいですが…しかも！自撮りとは関係ない本文を一緒に投稿したりして、さも〝今日のお買い物、超楽しかった～♪〟みたいな軽いテンションで終わろうとしてるんですよ!!」

あ『自撮りとは関係ない本文か…まぁ自撮りだけをアップはできないもんね。一緒に投稿された文章は、**可愛いと言ってほしい感情を隠しておくための彼女のカモフラージュ…**』

つ「詐欺写メの投稿すら詐欺る…！　こいつ、常習犯ですね」

あ『まさしく。**実際の本文は仮で、本当の本文は自撮り写メ**なのよ』

つ「本人からは自分アピールをにおわせるだけで何も言わないところがムカつきます！」

あ『そうそう。比率がおか

NASA ナサ ウチュウ セルカ研究チーム
博士、あきらめるのは早い…これは彼らからのメッセージだ
ツー・トントン・ツー トン…
本文が暗号化されてるんだ LOOK.AT…ルックアットミー 私を見て…だと！？
オーマイガー…

しいのよね』

つ「ひ、比率…？」

あ『ものを買った、というのに写メがいっぱいいっぱい自分という謎な比率。そこにとてつもない違和感を感じてイライラするのよね』

つ「そうなんです！ ただ可愛いでしょ？っていう投稿なら、可愛いか可愛くないかの判断だけになるんでイライラはこんなにしないと思います」

あ『そうやって無言で判断されていくのよねSNSの自撮り投稿って。…くわばらくわばら…。まぁさっきも言ったけど**盛々の写メをアップされたら男は引く**もんなの。〝可愛きゃいいじゃん！〟って最近みんな勘違いしてるみたいだけど、やっぱりもっと少しだけ見えるような**チラリズムが大事**なのよ』

つ「おお…永遠のモテワード、チラリズム!!」

あ『**全部見せりゃいいってもんじゃない**のよ』

つ「じゃあ一体どのくらいの比率で見せればいいんでしょう…？」

あ『本当にちょっとよ』

つ「ちょっと…」

あ『あ、いる!!!!　みたいな』

つ「…ますますどんな人か謎が深まりませんか」

あ『それでいいのよ。狙いはそこだもの』

つ「この微妙さが狙いだと…!?」

あ『**想像させる…それが一番効く**のよ』

つ「ま、まさか、これこそ全人類が知りたかった…」

あ『本当のチラリズム…　さ、早く準備なさい。地球に帰るわよ』

つ「飲み込まれてたんかい!!」

今回の助言　チラ見せマスターになれ！

あ「迷える“詐欺セルカ女子”のみなさん、あなたを救うのはズバリ“チラッと見せて想像させる”ことよ。でも“太もも”とか“谷間”とか、女性的なパーツに頼るのはNG！　もっとオリジナリティを感じる自己プロデュースをしてみなさいよ。そうやって毎回全部出さないでおくことで見てる側はパーツを組み合わせて想像するの。ゲーム好きな男子は特にハマるかもしれないわよ。謎な女性ってそれだけで魅力的じゃない？」
つ「ありがとうございます !!」

詐欺セルカ女子カルテ

発酵菌名　ゼロ・リアリティ菌

発酵度数

70%

周辺環境

彼氏	3週間前に別れた
女友達	毎回セルカが可愛い子（ネットで仲よくなった子もいる）
男友達	ネットで知り合う（イケメン風だが現実ブサメン）
お父さん	仲よし♥（おごってくれるから）
お母さん	料理上手だけど口うるさい

メンタルバランス

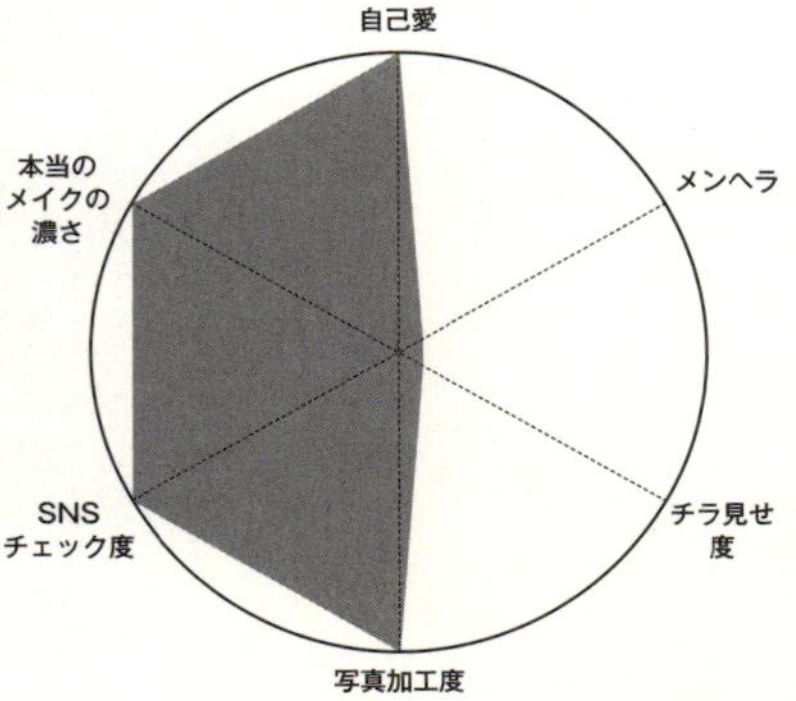
自己愛
メンヘラ
チラ見せ度
写真加工度
SNSチェック度
本当のメイクの濃さ

好きなアーティスト　DISH//（夏のバイト代はすべてDISH//のイベントに消える）

媚びることを嫌う男勝りなマイルドヤンキー

自称サバサバ系女子

『サバサバ系だから』が言い訳になると思ってんの？

いるいる〜！　このタイプは**〝サバサバしている〟**と**〝下品でガサツ〟をゴチャまぜにしてしまっている**タイプ。自分の理想のサバサバ系になっていると思いきや、ただ**毒を吐いて周りを困らせてしまっているだけ**なのかも…!?　それに気づけていないところが…う〜ん。いい感じに発酵してしまっていますね。

あ『毒吐いてりゃサバサバ系ってことじゃないのよね』

つ「そうですね。今回調べてきた彼女は普段から男まさりというか…細かいこと気にしない!!　みたいな感じの生活でした」

あ『いやいやいや』

つ「まあちょっと問題ありっぽいですが…どのへんが発酵しているんでしょう?」

あ『**自分に都合のいいときだけ〝サバサバ系だから〟って言い訳しちゃうところ**よね』

つ「…と言いますと」

あ『料理ができないのはサバサバしてるから。彼氏ができないのはサバサバしてるから。…**そうやって自分のできないことの言い訳にして逃げてる**のよ』

つ「なるほど…言われてみれば随所にあらわれてますね…」

あ『しかも、それって実は〝サバサバ系〟じゃないのよ。じゃあ、**本当の〝サバサバ系女子〟にあって、彼女にないもの**は何でしょう！』

つ「ええと…う〜ん…艶?…とかですか?」

あ『ちょっとおしい！　**正解は〝品〟**よ』

つ「品…」

あ『そう。当たり前のことを当たり前にできていて、人に対する礼儀もしっかり、相手のことを考えてＴＰＯがわきまえられる…そんな〝品〟よ』

つ「確かに彼女をフランス料理店には連れていくのは躊躇するかも…」

あ『芸能界でいうと、天海祐希さんとか…宝塚の方々って品があるわよね』

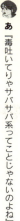

つ「そうですね！　じゃあこれから品を身につけるにはどうしたら…？」

あ『まず、自分に都合の悪いことをサババのせいにしてたら品なんか身につかないわね』

つ「なんかわかります…（笑）」

あ『というより、**なぜそう自分から型にはまろうとするの？** 別に〝サバサバ系〟にはまらなくてもいいじゃない。そもそも、実際に宝塚なんて狭き門なのよ』

つ「う…なんてわかりやすい！」

あ『**めざすところを間違えてるんじゃない？** 〝サバサバ系〟ってそんなに増殖するものじゃないんだからね！』

つ「ひー！！！　すみませんでした!!（反射謝り）」

〜今日の助言〜

あ『**知らねーーーーーーーーーーーよ！！！！！**』

つ「やめて!!　あおいさんお願い助言を！！！」

今回の助言

自分からいちいち枠に飛び込むな!

あ「ふう…。迷える“自称サバサバ系女子”のみなさん、あなたを救うのはズバリ“自分から枠に飛び込まない”ことよ。そもそも“私サバサバ系だから〜”て言っちゃうあたり枠にはまってて全然サバサバしてないじゃない。そんな枠にとらわれて自分から窮屈なところに身を置くのはやめなさい。ツンデレとかも判を押したように増殖して…それってもったいないわよ。せっかくの自分らしさも自分で消しちゃってさ。もっと『○○系』に固執したり執着しないで自由に自分らしく振る舞ったほうが、本当の、あなたのなりたいサバサバ系に近づけるんじゃないかしら??」

つ「ありがとうございます!!」

自称サバサバ系女子カルテ

発酵菌名 ズボラジェンヌ菌

発酵度数

30%

周辺環境

彼氏	元彼とズルズル中
女友達	自分と同じタイプ
男友達	チャラい(根はいいヤツ)
好きなタイプ	アタシのことを本気で好きになってくれる人
お兄ちゃん	ヤン車を乗りまわす地元で有名なヤンキー
好きなアーティスト	三代目J Soul Brothers from EXILE TRIBE

メンタルバランス

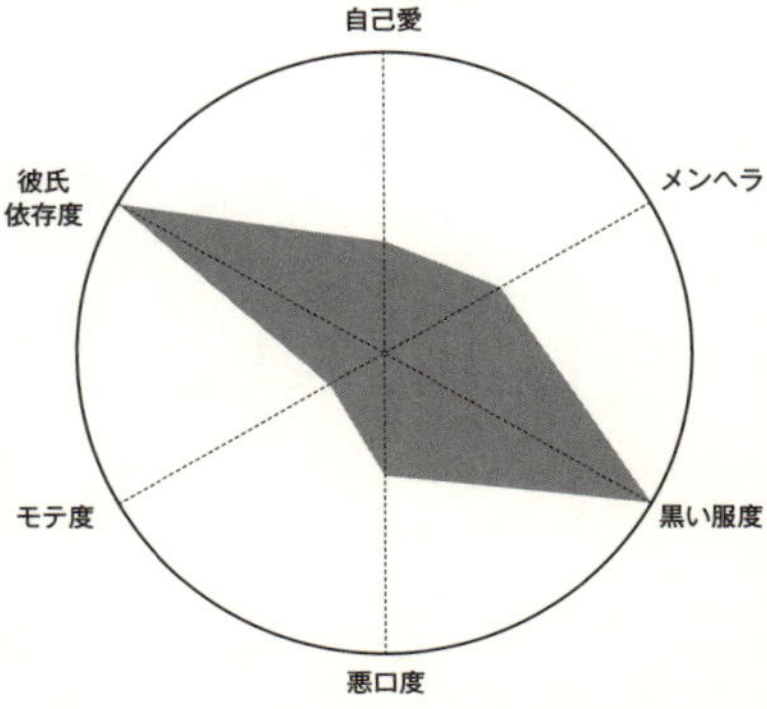
自己愛
メンヘラ
黒い服度
悪口度
モテ度
彼氏
依存度

最近のアイドルを嫌いな理由

こぼれネタ02

DJあおいがアイドルを嫌いな本当の理由とは

あ『アイドルねぇ』

つ「結構あおいさん、最近のアイドルのこと好きじゃないですよね。どうしてですか？」

あ『実はさ。私がアイドルやってたときに、メンバーですっごいタチ悪い嫌がらせしてくる子がいたんだよね』

つ「ち、ちょっと待ってください!!　あおいさんアイドルだったんですか！？」

あ『えっ!?　そうだよ!!　言わなかったっけ』

つ「言ってませんよ！　えーーーー！　すごい!!　っていうかそんな重大なことを、この小さいコラムでしゃべっちゃっていいんですか!?」

あ『いいよいいよ！　どうせ嘘だし！』

つ「ワ…！　　」

あ『今のアイドルってさ～媚びまくっててヤダよね』

つ「…」

あ『みんなも媚びてるってわかってんのが、なんかヤダよね～』

つ「　」

あ『おかしいよ、絶対世の中おかしいよ。もっと本気でがんばってる子…ほら工場とかで働いているような子のほうが素敵じゃない？』

つ「　」

あ『…つぼゆりはしゃべらない。ただのしかばねのようだ』

つ「うおおおおお!!」

あ『長老はとつぜん、さけびだした！』

つ「ゲーム化しないでください!!　っていうか嘘つかないで!!」

あ『チェッ』

つ「はい、可愛子ぶらない！」

あ『なんだよ、うるせーよ母さん!!』

つ「早くお風呂洗ってきなさい！！！」

DJあおい×ツボユリの発酵女子診療録

NO.017

ロリコン心をくすぐる生まれながらの媚び星人

低身長チヤホヤ女子

妹キャラなんてものは若いうちしか通用しないのよ。

いるいる〜！　このタイプは幼い頃から〝背が低い〟という理由だけで**顔面偏差値以上にモテてきた**タイプ。得意技は泣き顔と上目遣い。年上の扱いに長けていて、**泣けばどうにかなる**と思っています（実際にどうにかなってしまうからさらに厄介…）。はたして今回はどんな発酵を遂げているんでしょう？？

あ『出たわね。女子のタイプの中でも一番えげつないタイプ』

つ「はい。自分は周囲からかまってもらって当然、チヤホヤしてもらって当然というスタンスで生きている人種ですね」

あ『そうそう。**幼少期から鍛え上げてきた〝媚びポーズ〟とか半端じゃない**のよね』

つ「なぜ背が低く生まれただけで勝ち誇っちゃうんでしょうな」

あ『そうよねぇ。動物に置き換えても子猫や子犬は無条件で〝可愛い！〟ってなるわよね。**1人じゃ生きていけない感**っていうかさ』

萌え立ち
すっ
すっ
すっ
萌えそでのポーズ
あの本とってぇのポーズ
泣いてないもんのポーズ

つ「ああ、〝守ってやらなきゃ！〟という使命感を感じさせるのがうまいのか…。いやいや子猫や子犬は本当に幼いからいいんですが、このタイプの女子は身長が低いだけで、あとは年齢や環境も同じなのに〝妹キャラ〟をうまく利用してチヤホヤされるっていうのがこう…」

あ『まぁなんていうかウザいよね！』

つ「そうなんですよねぇ」

あ『でもこのタイプはもう変えられないよね。**もうそれが人格になっちゃってる**んだもん。むしろ周りから全否定されても曲げない自分ができちゃってるから』

つ「そうなんですね…はぁ〜。でもみんな自信がないなかで試行錯誤して日々頑張ってるのに、根拠のない自信だけでドヤってるのがムカつくんですよ〜」

あ『まぁそれも今のうちよ』

つ「えっ、まさかこの時代に終わりが…!?」

ニャァー
ダイヤモンドは砕けない

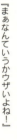

あ『**妹キャラなんてものは若いうちしか通用しないのよ!!**』

つ「**ド、ドギャアーン!!!**」

あ『**オバさんになって妹キャラやってたらどれほどイタいことか!!** 若いうちは何でも手の上で転がしてるような感覚かもしれないけど、だんだん周りも相手にしなくなってくるからね』

つ「**ズギュウゥゥゥゥウン!!!**」

あ『あと単純に背が低いオバさんになると若くて自由なファッションができなくなるぶん、体型に合った服を着ることになる…そうしたらもうただのバランス悪いオバさんなんだから』

つ「**どらああぁぁぁぁーーーーッ!!!!**」

※感情にノイズが発生したため少々お待ちください

あ『だからこのタイプは、オバさんになって〝立ち位置どこだっけ、ヤバイ!〟って思ったあとに**中身がおっさんになってく**のよね。それも彼女の狙いなんだけど』

つ「ん? 中身おっさんなのが狙いになるんですか?」

あ『なるわよ。背が低くてロリっぽい感じなのに、おっさん…。ここで**何らかのプラスのギャップを生み出してジワジワとキャラ変**していく寸法ね』

つ「あ〜も〜やだなぁ、そういうタイプ。素直に生きろよ!」

あ『だから最初に言ったでしょ、もうこれが彼女の人格なのよ』

つ「面倒見きれませんな!!」

あつ『**やれやれだぜ**』

今回の助言
……。
あ「迷え…ま…」
つ「あおいさん大丈夫です！　彼女たちだってきっと迷ってますよ！」
あ「ま…迷える“低身長チヤホヤ女子”のみなさん。…あなたを救う方法はありません!!　速やかに滅亡せよ!!!!」
つ「ド、ドギャァ～ン!!!!!!!!!!」

低身長チヤホヤ女子カルテ

発酵菌名　チビの奇妙な物語菌

発酵度数

150%

周辺環境

彼氏	あえてつくらない
女友達	アクティブな子
男友達	チャラい（そのうちの複数人と毎日LINE）
親友	同じように低身長の子
嫌いな人	誰に対しても同じ態度の人

メンタルバランス

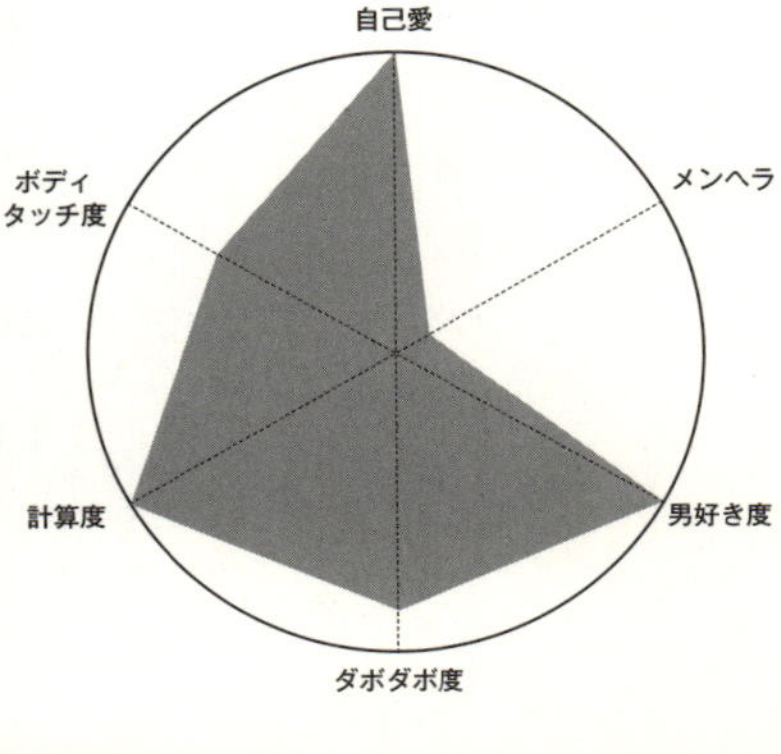
自己愛
メンヘラ
男好き度
ダボダボ度
計算度
ボディタッチ度

好きなアーティスト	YUKI

本当は悪くないと思っているけどとりあえず謝る

ゴメンナサイ女子

自分が完璧にできないことはハナからやりたくないのよ。

いるいる〜! このタイプは人に何かをしてもらったとき**「ごめんね〜!」と謝る**タイプ。**一見こちらのことを労ってくれるとてもいい人**のように見えますが、実は本人も自覚していない**裏の顔が垣間見えてしまっている**んです。そんな「ゴメンナサイ女子」、一体どんなふうに発酵してしまっているのでしょう?

あ『このタイプは**プライドの塊**よね』

つ「言葉ひとつでそんなに変わるもんでしょうか??」

あ『同じような言葉なら違わないかもしれないけど、結構違うわよ。ありがとうは相手に心から感謝している感じがあるじゃない? でもごめんなさいは、**〝自分は本当はできるのに〟やってもらってごめんなさいね〜**ってのが含まれてるわよね』

ごっめんねぇ〜
マジでタイミング
悪いやつ〜
自分が、とは言わない
あ〜んもう
絶対やりたかったのに!
じゃあ残れよ

つ「なるほど…かなり上から目線って感じですね」

あ『相手に対する態度って結構その人の人柄出るわよね〜』

あ『本当やっかいだわ』

つ「そんなに自分はなんでもできる!って思ってるんですかね?」

あ『全部できる!って思ってるかは定かじゃないけど、**自分にできないことがあるのが許せない**のよ、完璧主義者だから。自分が完璧にできないことはハナからやりたくない。10あるうちの1できないとすぐに嫌になっちゃう』

つ「極端なんですね…自分を助けてくれる人に素直にありがとうって感謝を言えればいいのに、曲がってますね」

あ『**まるでゴリラね**』

つ「ゴリラ…ですか」

あ『ゴリラはさ…負けず嫌いで自己主張が強いから、不満を感じるとすぐに胸を叩くの。これをドラミングと言います』

ウ
ホ

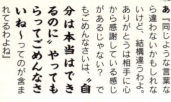

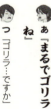

つ「ドラミング」

あ『そう。そんなゴリラと同じように、このタイプは自分の意にそぐわないことがあると臨機応変に対応できないから**人やものにあたったり、子どもみたいな発言と行動をしたりする**こともあるの。さっき言った完璧主義の100か0かって話の行動編ね』

つ「うぜぇ。」

あ『ちなみにドラミングはまるでドラム（太鼓）を叩いているように見えるからドラミングって言われていて、ゴリラはみんな胸に太鼓を持っているのよ』

つ「ゴリラの説明はいいです」

あ『だからァ、胸に持つべきなのは（太鼓）じゃなくて（心の剣）なんだよ、聞いてんのか九太ァ!!』

つ「だから教え方がヘタだから全然わかんねーつってんだよ熊徹!!」

あ『まあ、こういうゴリ…やっかいな完璧主義者は、一回心の底から〝負けたー!〟って思うことができれば変わってくるのよね。今のままだと**窮地に立ったときに周りに助けてくれる人**がいない。自分が今まで人に隙を見せずに張り合ってきたから、誰かに頭を下げるのもひと仕事。…それもできないとなると孤独にまた一歩足を踏み込むことになるわ』

つ「そうか。そんな窮地に、心の底から負けを認めて自分の小ささを思い知って、〝ごめんなさい〟じゃない、本当に相手に感謝できる〝ありがとう〟の意味を知るんですね…素敵!!」

あ『そんな感動が詰まった…映画になっています』

つ「バケモノのほうかよ!!」

今回の助言

一度地獄観ろ！

あ「迷える“ゴメンナサイ女子”のみなさん、あなたを救うのはズバリ“一度地獄を見る”ことよ。自分だけの力じゃどうにもできないことがあるのを知りなさい。全体を見られるようになれば、きっとその上から目線の対応も変わってくるんじゃないかしら。ありがとうって言葉はごめんなさいより距離が近くて、これからのあなたの周りの環境をよくしてくれる希望もあるのよ。虚勢張る勇気があるなら、人にありがとうって言える勇気のほうを育てなさいな」

つ「ありがとうございます!!」

ゴメンナサイ女子カルテ

発酵菌名　プライドゴリラ菌

発酵度数

20%

周辺環境

項目	内容
彼氏	いる（※合コン・一夏限定）
女友達	派手だけどあか抜けない子
男友達	大学デビューのチャラ男
妹	ジャニオタ（同担拒否）
お兄ちゃん	ノリがいい

メンタルバランス

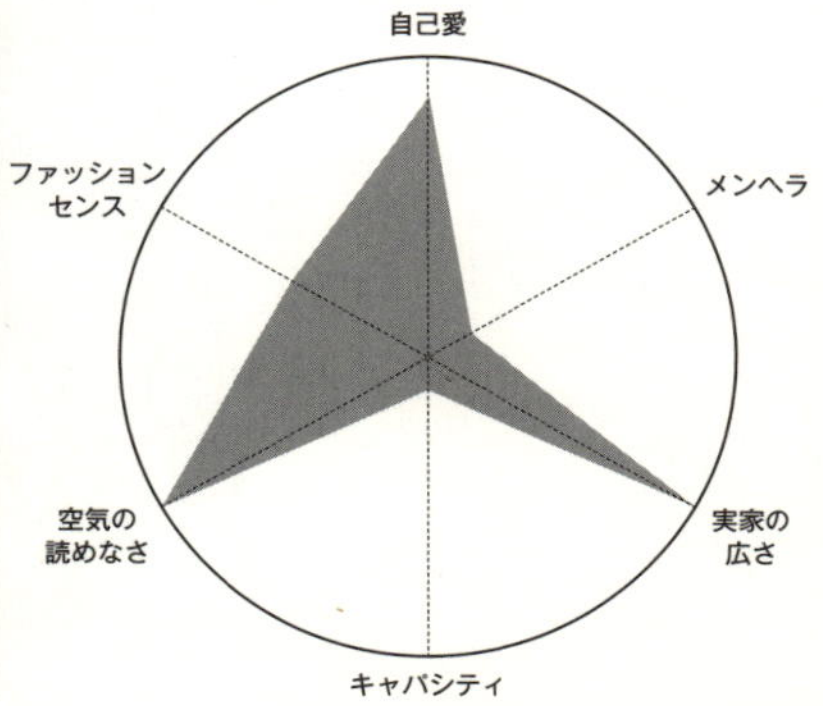
自己愛
メンヘラ
実家の広さ
キャパシティ
空気の読めなさ
ファッションセンス

好きなアーティスト	BUMP OF CHICKEN

DJあおい×イラストレーターツボユリの発酵女子診療録

NO.019

仲のいい友達に常に何かを求めている依存体質

パラサイト友情女子

顔をかくすようなヘアスタイル
目がマジ
こないだの集合時間の連絡、ゆうこからメール来ると思ってたのに藤沢さんから来てショックだったたんだけど
常にスマホ、チェック
どことなくただよう地味感
いろんなものに対してのしつこさが異常
冗談を本気で受けとってずっとグチグチ言う
どんなときでも自分を一番大切にしてほしい

パラサイト友情女子あるある

気を許した相手には気に入らないヤツの悪口を言いまくる

こんなに猟奇的なのに悪気がないのがホラーよね。

いるいる～！　このタイプはある特定の親密な友達に定期的に「大好き」と言うことで**相手が自分のことをどのくらい重要人物（親友か否か）として考えているのか確認する**タイプ。「私も大好き」などと軽はずみに返答してしまえば最後、**死ぬまで依存**されてしまいます。かといってバッサリ切ってしまうと陰で悪口を言いだす始末…　ああ～！　一体どうすればいいんじゃあ～！

あ『なんかもう猟奇的なニオイがプンプンするわ』

つ「ここまで依存されちゃうと友情にヒビが入るレベルですよね…」

あ『うん。これが恋人になるとなおさらよね～。たぶんすぐ同棲したがるし、結婚したがるタイプ…。こりゃ彼氏は疲れそうだな』

つ「自分だったら絶対彼女にしたくないタイプですね。確実にケータイチェックしてくるだろうし。なんかプライベートがない感じがして苦しいです!!」

つ「そういえば、女子はこういうタイプ多い気がしますけど、男性でこういうタイプっているんですかね？？」

あ『う～ん、恋愛で彼女を束縛する男はいるけど、友情でこういう依存心の高いのはいないよね。男は仲のいい友達がいても〝俺ら仲いいよな～〟なんて口に出して言わないのよ。下についてるみたいで恥ずかしいし、なんか気持ち悪いじゃない』

つ「確かに…じゃあなんで女子はこういうタイプが多いんでしょう？　男女の間でそんなに違うもんなんでしょうかね」

あ『**女子のほうが、同性に対する独占欲が強い**んでしょうね。男の場合は嫉妬とかはあるけど、独占欲はない。よく他の女友達と仲よくしただけで機嫌が悪くなる女子っているじゃない。あれの延長線上よね』

つ「ああ～!!　学生時代によくあるやつ～～!!」

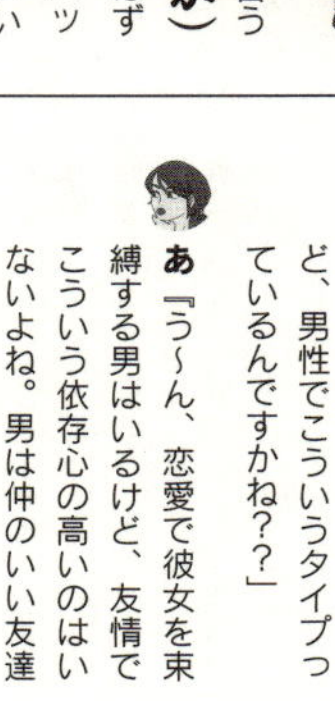

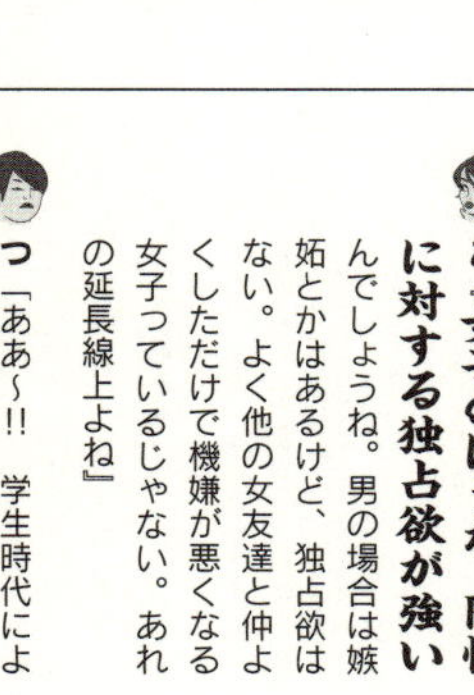

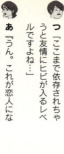

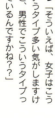

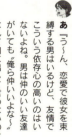

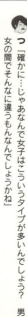

あ『**典型的な〝狭く浅く〟タイプ**なのよ。気に入った相手に友達と思ってほしいけど、友達が欲しいタイプではない。アドレス帳はものすごく濃い2桁で終わるわね。そして、何より一番怖いのがこんなに**猟奇的なのに本人に悪気が全然ない**ところ…。こういうタイプってペットとか、特に犬を飼ってることが多い。自分に100%依存してくれるから〝自分は必要とされている欲〟が満たされるのよね。まぁ…タチが悪いを通り越してホラーとも言える』

つ「バイオレンス…」

あ『ストーカー気質よね〜』

つ「狭く深くの人間関係か…。でも気持ちなんか永遠に同じものじゃないじゃないですか。しかも他人ですよ他人！それを100%信じるって怖くないですか？自分の安定のためにも、人の気持ちに依存するより、他のモノに依存したほうがマシなような気がするけどなあ…」

人という字はね、
互いに支え合って人になるんです

あ『それじゃダメなのよ。結局、モノは愛情をくれないもの。**彼女は人から愛情を与えてもらいたい**んだから』

つ「なんか過去に闇がありそうなタイプですねぇ」

あ『そうかもね。いじめられてたりハブられたことがトラウマになってて、もう二度と同じ経験をしないようにそういう行動をしていることも考えられる…』

つ「うう、そう聞くと、むやみにはねのけられない…ゆえに、さらに重い存在だな…」

あ『嫌がらせしてる自覚があるならまだ救えるんだけどね』

私たちは死ぬために生きているんじゃない。私たちがこの世の中に生まれてきたのは、生きるためです。私たちが生まれてきたのは、
生きているだけで十分に値打ちがあるものとして、生まれてきたんです

つ「でもこの依存心、ど〜にかなおせませんかねぇ」

あ『要するに**ネチネチと集団行動してんのがダメ**なのよ。そっからなおしていきなさい！』

つ「ふむふむ」

あ『もう1人で海外とかいったほうがいい。海外行きなさい、海外！』

つ「ふむふ…（お…これナチュラルに日本追放パターンか？？）」

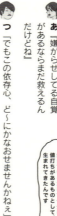

今回の助言　人生観を変えろ!!

あ「悩める“パラサイト友情女子”のみなさん、あなたを救うのはズバリ“人生観を変える”ことよ。いろいろ考えないでいいの。生きてるだけでOKなんだから。日本にいてぬくぬく過ごしてたらいつまでもその依存心から逃れられないわよ。さあ海外に行きなさい！　むしろ紛争地域で命の危険にさらされ、命の大切さを知りなさい!!」

つ「いきなりのグローバルなお答え!!　ありがとうございます!!」

パラサイト友情女子カルテ

発酵菌名　ココイチB組菌

発酵度数

80%

周辺環境

彼氏	束縛し合い疲れて別れた
女友達	ねちっこいタイプ
男友達	ねちっこいタイプ
兄	優秀。それゆえに比べられる
ペット	チワワ

メンタルバランス

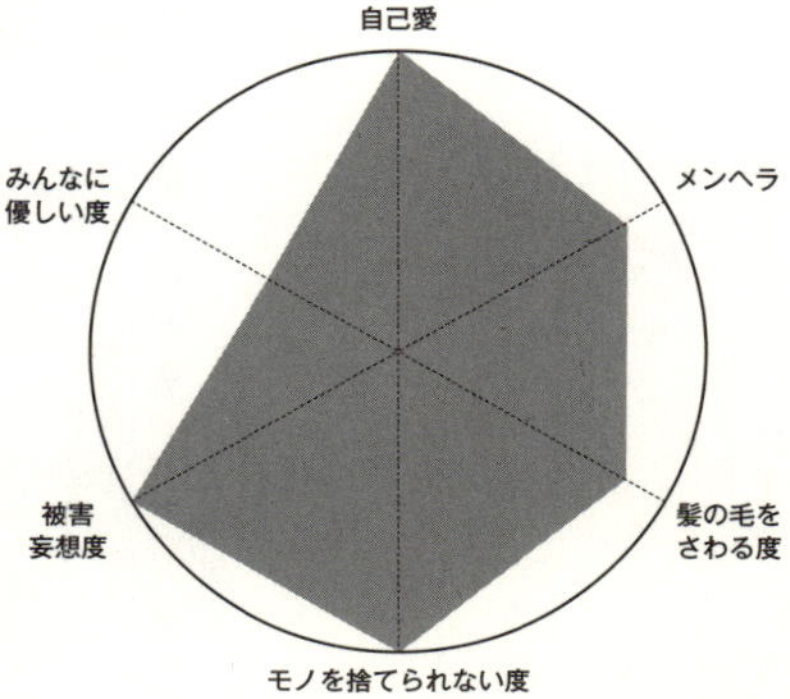
自己愛
メンヘラ
髪の毛をさわる度
モノを捨てられない度
被害妄想度
みんなに優しい度

好きなアーティスト	中島美嘉

本当は自分のことをクズだなんて思ってない『自称クズ』

ネット民族女子

DJあおい 発酵女子 診療録

NO.020

〝ネットオタクの人格〟をかぶっているのよ。

いるいる〜！　このタイプはネットが大好き。インターネットの世界は、もはや庭。10分に120ツイートなんて余裕でこなし、ネット会話で**3人が同意見になるともう無敵。**　仲間意識が非常に強く、常に上から目線です。しかし、これらすべての行動は現実の自分とはリンクせず、裏アカウントや匿名内でしか発動しないキャラクター…。さてどんな発酵をしているのでしょう??

あ『うんうん。いるよね〜。SNSだとアニメアイコンの人が多い気もするわ』

つ「やっぱどこかで**中二病**をこじらせてしまったんですかね」

あ『まあそういう濃いオタク的なものを感じるよね。でも本人は現実社会でうまく普通の人のように生きてるつもりでも、受けとる側はなんだかわかっちゃうものなのよね〜』

つ「それってネットオタクっぽさ、ってことですか?」

あ『そう。人とのコミュニケーションで必ずメールやLINEするからなんかわかっちゃう』

つ「なるほど」

あ『でも本当に厄介なのが、**こういうタイプはネット界では最強っぽくなってる**ところ。自分が不利な立場になると途端に〝いやでも私所詮クズなんで ｗｗｗ〟とか言って逃げ道を用意してるのよね。だから何を言っても最後は許されるようにしてるというか、話をまとめられるようにしてるというか』

つ「クズ、って自分のこと言ってるのに、それがうまい逃げ道なんですか?」

あ『**だって本当は自分のことクズだなんてこれっぽっちも思ってないんだもん。**〝自称クズ＝無敵〟。グイグイッときて、サッと引く。自分に火の粉がかからないようにする技みたいなもんよ』

つ「え〜！　そんな言い方みんながしたら言いたい放題じゃないですか〜」

あ『だからネットは言いたい放題なのよ』

中二病の右手ではなく左手でツイートすれば私のネット充さはバレまい！
〜だお（　＾ω＾）
クッッッソワロｗｗ
朝礼…だと…？
ごめんなさい…(土下座)

つ「もうなんかそっちの世界で生きてる感じが楽しそうじゃないですか。もう彼女は彼女で成り立ってるのでは？？」

あ『これが現実社会においてもこのキャラならまだわかるんだけど、ネットの中だけじゃない？ 本当のなりたい自分は違うのに、そうなれないもどかしさ…』

つ「なんでなれないんですか？ 〝最強〟なんだったらそういう自信もあるわけだし、うまく現実社会に生かせないもんなんですかねえ」

あ『〝最強〟っていっても所詮は画面の中だもの。それに、なんで最強かっていうと、**彼女自身の人格ではない、〝ネットオタクの人格〟をかぶってる**からなのよ』

つ「ネットオタクの人格…」

あ『しゃべり方…あおり方…反応の仕方、いつの時代もネットにはひとつの人格しかない…。ネットの仮面をかぶってるのさ…自分には到底言えない発言もできてしまう、鉄の仮面をな!!!』

つ「せ、せやかて工藤…犯人は1人っちゅうわけやないやろ」

あ『そう、水面下にウジャウジャいるのさ。でもな、みんなで同じ顔の仮面をかぶって発信してんだよ。そうしたら誰が誰だかわからねーからな。でも、現実社会でその仮面がなくなったら途端に何も自分からしゃべれなくなっちまうんだぜ…』

つ「自分に自信をつける時間すら仮面をかぶってしまっているから、ずっと本当の自分からは何も発信できずに成長してしまったのか…。そしてコンプレックスの塊に…」

あ『そう。でも本来ネットも自由な場だもの。そうやって大きなものの影に隠れなくったって**自分らしく発言すればいい**のよ。それをとがめる人ってそんなにいないんじゃないかしら』

つ「確かに、こういった見たことあるような人格で話されるより、その人自身とちゃんと話せたらそのほうが魅力的に感じる気が…」

あ『そうよね。大丈夫、あなたはあなただけなんだから。もっと自分を大切にさ…』

つ「や、優しい！ 前回disりまくったから優しさONしとる!!」

あ『つ、通常運行だよバーロー!!』

今回の助言　人格の仮面をとれ!

あ「迷える“ネット民族女子”のみなさん、あなたを救うのはズバリ“仮面をとる”ことよ。仮面をとってしまったら本来のあなたはもっと弱いのかもしれないけど、自分の弱さを知ってる人ほど本当に強い人。怖いと思うことから逃げないで。本当の自分がどんなものが好きでどんなふうに行動したいのかを知ったら、ちょっと勇気を出して発信してみましょ。強がらなくっていいんだよ。よしよし、泣いてもいいんだよ。大丈夫大丈夫」

つ「なっ、何!?　これ誰!?　仮面かぶってない!?」

ネット民族女子カルテ

発酵菌名　**人格はいつも1人!菌**

発酵度数

90%

周辺環境

彼氏	2次元にいる
女友達	2ch にいる
男友達	2次元にいる
妹	2次元にいる
お兄ちゃん	2次元にいる

メンタルバランス

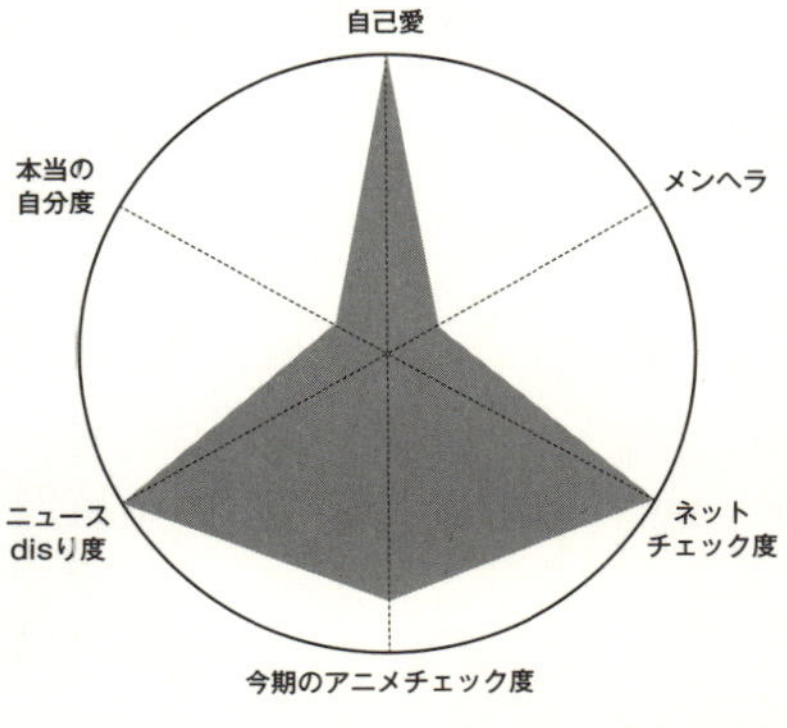
自己愛
メンヘラ
ネット
チェック度
今期のアニメチェック度
ニュース
disり度
本当の
自分度

好きなアーティスト	米津玄師

目に映るものすべてが気になるお年ごろ

新着カウント女子

DJあおい×イラストレーター ツボユリの 発酵女子診療録

NO.021

広く浅くの友達関係で最終的に孤立するわよ。

いるいる〜！　このタイプは**周囲の新着情報に目ざとく気がつき、**それが自分の好みのもの以外であっても**やたら首をつっこんでチェックしまくる**タイプ。しかも、見たものを見たままにしか表現しないので、言われたほうはほめられているのかけなされているのか微妙な気持ちになるという特徴があります。そんな発酵菌って一体？

あ『他人以上に人を観察してしまうのね』

つ「人間観察が趣味の人っていますけど、それとはまたちょっと違うっていうか…いいところも悪いところも気づいたことがあれば躊躇なくバンバン相手に伝えるところがどうも…」

あ『ん〜、デリカシーはないわよね』

つ「そうですよね」

あ『**得る情報はほぼ視覚から。**物事を淡々とチェックしていくタイプか…』

つ「髪型変えたね、…って言われたら、その先の感想も欲しいじゃないですか。いいのか悪いのか、あんたはどう思ってるんだ!?　って気になります」

あ『普通はひと言添えたりするものね。…まあでも、この**タイプはデリカシーはないけど、裏もない。**だから陰で悪口を言っているタイプでもない』

つ「悪いタイプではないんですね…。でもなんか引っかかるというか、毎回そうやってチェックされたらだんだんムカついてきませんか？？」

あ『上からっぽい感じはするよね〜』

つ「そうそう！」

あ『だから**基本孤立型**よね』

つ「ふむ…、一匹狼を好むタイプか」

あ『いや、**感情表現が苦手で深い話ができない**か

ー「野人の会」の魅力はなんですか？

A.生活や行動は種類によってさまざま。飛び方や歩き方にも違いがあります。季節によってさえずりが変わることもあるので…本当に見てて飽きないですよ。

ー今日は初参加の人もいるようですが…

A.あ〜、そうなんですか？　まぁ…こういうのは経験がものを言うんで。最初から珍種を見つけるっていうのは…ちょっとハードル高いかもしれない（笑）。

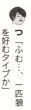

ら、だんだん友達も広～く浅～くの関係になって、気がついたらなんだか孤立してるっていうパターンよ』

つ「あ～。女子の間だとほんとそれは…あるあるですね！　深い話ができない子とはそんなに仲よくなれる気がしないもんなぁ。会話も全部こっちから提供しなきゃいけない印象だし、一緒にいて楽しくないかも?」

あ『そうそう。それに**視覚情報だけをとらえてると当然、総情報量も少ない**わけ。会話の中でも〝知らない～〟〝わかんない～〟ばっかになるのよ』

つ「うわ、めんどくせ～！　女子の会話で一番大事なのは共感だろうが！」

あ『それな』

あ『しかも普通、女子は〝可愛いフィルター〟を持ってるじゃない？　すげぇ汚い猫に対してもとりあえず〝可愛い〟っていうやつ』

つ「それな」

あ『女子の世界って、そういう世界だからさ…こういうタイプはそのままいくと誰かを知らないうちに傷つけたり、なんだか友達から距離をとられたりするのよ』

つ「う～ん、納得」

あ『自分に素直なのはいいけど、もっと他人のことも考えたほうが自分のためね』

つ「女子の世界って面倒ですなぁ。ありがとうございます！」

ー何か…いましたか？

A.あれはシブヤノジョシですね。濁った声と澄んだ声をまじえて、この時期はアトイベントクリスマスダケトカアリエナイッシヨと複雑に鳴くんです。そうかぁ…もう11月なんですね。

今回の助言

1回フィルターを通せ!!

あ「悩める“新着カウント女子”のみなさん。あなたを救うのはズバリ“1回フィルターを通す”ことよ。幼稚園や小学校の美術の授業じゃないんだから、もっと人とコミュニケーションをとる術を身につけなさい。その感覚的なところをどうにかしないと、だんだん周囲との深い関わりを持てなくなって、孤立感が増していくわよ!!」

つ「ありがとうございます!!」

新着カウント女子カルテ

発酵菌名 **(財)日本野人の会菌**

発酵度数

15%

周辺環境

彼氏	いない。ちょっとさみしい
女友達	みんな別のグループに所属
男友達	挨拶かわす程度
ペット	フェレット2匹
幼なじみ	最近ギャルっぽくなった

メンタルバランス

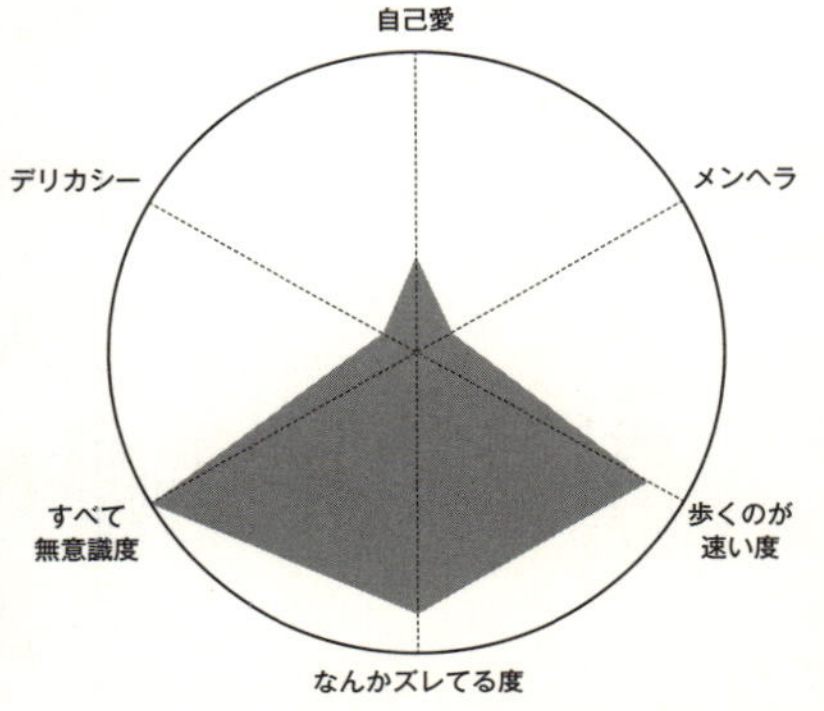
自己愛
メンヘラ
歩くのが速い度
なんかズレてる度
すべて無意識度
デリカシー

好きなアーティスト	氣志團

自分は人とは違うものを持っていると信じて疑わない

一般人ではない何か女子

DJあおい 発酵女子の診療録

NO.022

たとえ同じものを食べてもミランダ・カーにはなれないよ。

いるいる〜！　このタイプはどこでそうなったのか、**〝自分はモデルたちと同じ立ち位置にいる〟と思い込んでしまっている**タイプ。

あ『出たわね。なつかれると厄介なタイプ！』

つ「そうなんですか？　こういうタイプってツイッターとかでよく見かけますよね」

あ『**ちょっと気を許すとすぐになついてくる**からね』

つ「なるほど、注意が必要なタイプかぁ。何かタレントがつぶやいたことに対して、さも友達かのようなノリで返信してたりするのとかよく見ますもんね!!　このタイプにガッツリ絡まれたら厄介かも…」

あ『そうそう、〝今日〇〇に行ってきました〜〟っていうつぶやきに対して、〝え　？知らない！　どこそこ？〟とか返したりね…本当に最近よく見るようになったわ〜』

つ「なんでそんな対応ができちゃうんですかね？？」

あ『**要するに自分が何者であるかを忘れちゃってる**のよね』

つ「自分が何者であるかを…？」

あ『うん。昔と違って誰でも情報を発信できる時代だから、**芸能人と自分たち一般人の違いがわからなくなってる**のよ』

つ「あ〜確かに。ブログ、ツイッター、FB、個人HP…今じゃ、一般人でも全部セルフプロデュースできちゃう時代ですからね」

あ『そうなのよ。だからだんだん芸能人の価値が落ちてきてるのよね』

つ「芸能人の価値かぁ…そういえば最近テレビも見なくなったなぁ…」

あ『そうそう。若者のテレビ離れも理由のひとつだよね』

つ「だってテレビ見なくてもネットで情報って入ってくるじゃないですか」

あ『それ今回のキーだよね〜。情報が同じように入ってきて、芸能人と同じような生活をできるからこそ、勘違いが生まれるんでしょうね。**ミランダ・カーと同じもの食べても、ミランダ・カーになれるわけじゃない**のにさぁ』

あ『っていうかさ、最近のアイドルってなんであんなブ…可愛くないのかな？』

つ「おっと今、心のノイズが聞こえましたよ」

え…だって
こういうとき
どんな顔すればいいのか…
わからないの…

これがあなたが
いつも飲んでいるもの…？
なんだろう、すごく、、
ぽかぽかする、、、
※チアシードに
ぽかぽか効果は
ありません

あ『最近のアイドルってさぁ…よく、〝頑張るから応援してください！〟ってスタンスじゃない？　何をそんな頑張ってるっていうのかね』

つ「おほぉ…今日はえらい攻めますね」

あ『**〝頑張れ〟って言われないと頑張れないことなんか、さっさとやめちまえよ**』

つ「グイグイ！！！　グイグイくる今日！！！！」

あ『ほんと、**そうやって〝応援してくださ〜い〟みたいなアイドルばっかだから今みたいに勘違いするヤツが生まれんのよ**』

つ「グイッ、グイッツー！！！」

あ『**そんなんじゃ、アーティストと一般人の違いってチャンスの有無だけになっ**ちゃうじゃん』

あ『でもまぁ**平たく言うと勘違いバカ**だよね』

つ「このイラストのおっさん…チャンスかなぁ」

あ『メディアと現実の境目が曖昧になっているぶん、**自分で線引きする知恵がないとダメ**なのよ』

つ「なるほど。今までの時代と違って、自分から線を引くんですね」

あ『芸能人も芸能人よ。さも〝一般人と同じです！〟みたいな顔してさ』

つ「庶民的なのがウケる時代ですからねぇ…」

あ『とにかく、〝一般人ではない何か女子〟のほうから線引きできないようなら**逆に本気で芸能界をめざすことをオススメするわ**』

つ「えっ!?　応援しちゃうんですか!?」

あ『あほう。挫折しろって言ってんのよ！　**身のほどを知って、〝私はなれないんだ、世界が違うんだ〟としっかり体験して認識するべし！！！！**』

つ「グイッツツツツツツツツツツツ！！！」

あ『クソしつこいな…』

つ「いやチャンスもチャンスですよ。甘えてないで自分も闘いに行かないと」

今回の助言

チャレンジして現実を知れ!!!!

あ「迷える“一般人ではない何か女子”のみなさん、あなたを救うのはズバリ“チャレンジする”ことよ。なんでもできるように見える世の中でしょうけど、見ることと実際にやってみることは違うわ。まだ何もチャレンジしてないから“私にもできるかも？”と思っちゃうのよ。一回本気でチャレンジしてみなさい。そして挫折を味わい、“私にはなれないんだ…”ということを知ることね」

つ「ありがとうございます!!」

一般人ではない何か女子カルテ

発酵菌名 **エセンゲリオン菌**

発酵度数

50%

周辺環境

彼氏	舞台と居酒屋の間で夢をめざす俳優のたまご
女友達	オシャレ好きで芸能界に憧れている
男友達	話しかけてきたら相手してあげてもいいレベル
後輩	自分を憧れの人として崇めてくれる
憧れの人	いない（なぜなら自分がカリスマだから）

メンタルバランス

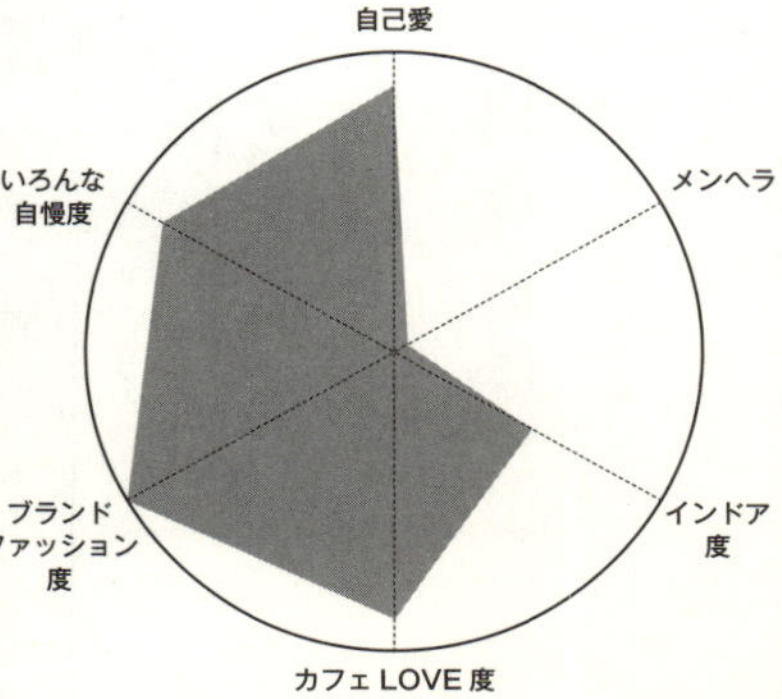
自己愛
メンヘラ
インドア度
カフェLOVE度
ブランドファッション度
いろんな自慢度

好きなアーティスト	フレデリック

低気圧バンザイ

気圧が安定してる日の取材
そうねぇ
でも女の子はみんながんばってるからね
→優しさMAXのあおいさん
低気圧の日の取材
はぁ〜ないな！
こんな女子は嫌いだね！
何様だよ
あ〜も〜頭いて〜
低気圧の日は
ヘヘァ…
あの女がさ…
ものすごくはかどる
※2人ともキゲンが悪い

こぼれネタ
03

取材は低気圧の日に…

あ『これは本当に2人の中では確定!』

つ「はい（笑）。天気がいい日はあおいさんも私も朗らかに会話しちゃって、発酵女子に、〝大丈夫、そのままでもいいんだよ〜〟って言ってあげる優しいまとめになっちゃってましたもんね」

あ『ところが低気圧だと、はかどるはかどる〜!!』

つ「スバッズバ斬る〜!!（笑）」

あ『もうね、イライラしてるからね』

つ「本音を隠す余裕もなくなるっていう」

あ『今回みたいな企画はよかったよね』

つ「本当に!　いや、連載当初は女子たちにアドバイスするっていう企画だったんですけどね。いつの間にか悪口大会になっちゃいましたからね」

あ『え…つぼゆりが性格…悪いからそうなったんじゃん』

つ「あ〜出たこれ、罪をなすりつけるパターンな」

あ『私が優しい答えにしようとしても、つぼゆりが性格悪いから…最後はズバズバ斬るほうに持っていくんじゃん…』

つ「はい出た、はいそれな」

あ『そんな無理やり言わされていた悪口が、本になっちゃうんだね…』

つ「嘘つき!!!!」

あ『ごはんも与えてもらえず、女子をdisらされていたあの日々』

つ「どんな日々だよ!!!!」

あ『いやほんと素晴らしいよね』

つ「は、はい…」

あ『ささやかな打ち上げでもやろうよ。肉まん、おごってやるよ』

つ「はい……って肉まんかよ!!」

あ『いらねーのかよ!!!!!!!』

つ「いるにきまってんでしょ!!!!!!」

あ『買いに行くぞ!!!!!』

つ「靴下はいてくる!!!!!」

霊感とフェロモンをだだ漏れにする、歩く性欲

インスピレーション女子

DJあおい 発酵女子診療録 NO.023

『霊感』を使ってブランド化しているのよ。

いるいる～！　このタイプは「実は私…霊感あるんだよね」と言って、周囲からの注目を集めたがるタイプ。**〝霊感がある〟というキャラクターをフルに活用**し、夏は怪談話に重宝され、ことあるごとに、そういう系の話になると主役に躍り出る…そんな彼女の発酵菌とは一体？

あ『霊感あるって言う人いるよね』

つ「実際どうなんですかね？　高校生くらいまでリアルに信じてたんですけど…最近はあんまり信じなくなっちゃって」

あ『本当のところはわからないけど、こういう**怪談話とかホラーとかって、娯楽のひとつ**じゃない？』

つ「娯楽！　確かに。〝ほん怖（ほんとにあった怖い話）見た!?〟とかってテレビの話題で盛り上がりますもんね。それに、怖い話ってみんなでいるとき絶対出てくるコンテンツだもんなぁ」

あ『そうそう。ホラーもそういう娯楽のひとつのはずなのに、な～んか現実に持ち出しちゃってる感があるよね。ダメよ、**娯楽はその場で楽しむもの。**本来それより外に出ちゃいけないのよ』

つ「そう言われてみればそうかもしれないですね」

あ『まぁ一種のブランディングなのよね』

つ「ブランディング、ですか？」

あ『そう。**〝霊感〟の要素を取り入れることで、うまく自分をブランド化しているのよ**』

つ「確かに個性は立つか…でもなんかいい意味での個性ではない気が…」

あ『うん。まず男性にはモテないよね。というか女性として見れない!!』

つ「マイナスばっかじゃないですか」

あ『でも**他に特技がないから。**ここで個性を出すしかない…過去にホラー話か何かで注目される気持ちよさを体験してしまったのね。そしてそれに味をしめてしまった…』

つ「もうわけわかんねぇよ…」

ちょっと、見て隣の人…
全身REI-KANでかためてるよ
REI-KAN
レーカン

光がね、こう、ファ～ッと横切っていったんですよ
そこからまた鋭角に3回素早く動いたんですよ

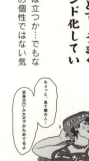

そしたらね、5回赤い光がチカチカチカチカって光ったんですよ
これがね、愛してるのサインだったんですよ

あ『話続けるけどさ、ホラーが好きな人ってエロい人が多いんだよね』

つ「えっ!?　そうなんですか?」

あ『ホラーで感じるドキドキと、エロで感じるドキドキって感覚が近いのよ。だから、**ホラーが好きって言ってる人はたいていドスケベ**だね』

つ「ドスケベ…」

あ『それにホラーが好きって言ってる人は大体フェロモンムンムンな服着てたりすることが多いの。フェロモンを小出しにすれば〝ミステリアス〟っていうブランドがつくかもしれないのに…もうミステリアスどころじゃなくなっちゃってることが9割ね』

つ「でもそれって男寄ってくるんじゃ…?」

あ『いや…違う違う…なんか〝ヤバいモンスターに遭遇した〟みたいな感覚になるやつ…』

つ「なるほど、ゲテモノ系か」

あ『まぁ第一印象はゲテモノでも、このタイプは出会いがキーになってくるから積極的に男性に出会っていったほうがいいわよ』

つ「第一印象ゲテモノで出会いまくってたら、それこそ事件起きそうですけどね」

あ『もしも、そんなゲテモノを本気で気に入ってくれる人がいたら…』

つ「いたら…?」

あ『そのときやっと、醜いゲテモノは本来の人間の姿に戻れるのです!!』

つ「本来の…!?　つまり…どういうことですか?」

あ『………あっ思い出した。ちょっと話それるけど、シャンプーのとき背後に気配感じるって言うじゃない。あれ、本当は上にいるらしいよ』

つ「ぬごぉお!　本来の姿の詳細はよ!!!!」

今回の助言
恋愛しろ!!!
あ「迷える“インスピレーション女子”のみなさん、あなたを救うのはズバリ“恋愛をする”ことよ。出会いなさい。いろんな男性と！そしたらあなたはホラーから解放されて本来のあなたに戻ることができるでしょう。エロとホラーはドキドキが一緒って言ったけど、彼氏でも作って自分が満たされるとホラーなんてものに見向きもしなくなるはず。そっちでドキドキが足りちゃうからね。一刻も早く出会いの場に行って恋愛しないと、一生黒歴史の過去ができちゃうわよ…」
つ「ありがとうございます…!!」

インスピレーション女子カルテ

発酵菌名　ほんとうにあった黒歴史菌

発酵度数

60%

周辺環境

周辺環境	
彼氏	お財布がわりのおじさんはいる
女友達	ネクラでコミュ障
男友達	怪談話のときだけ関わる
妹	ギャル全般
お兄ちゃん	まったく霊感なし

メンタルバランス

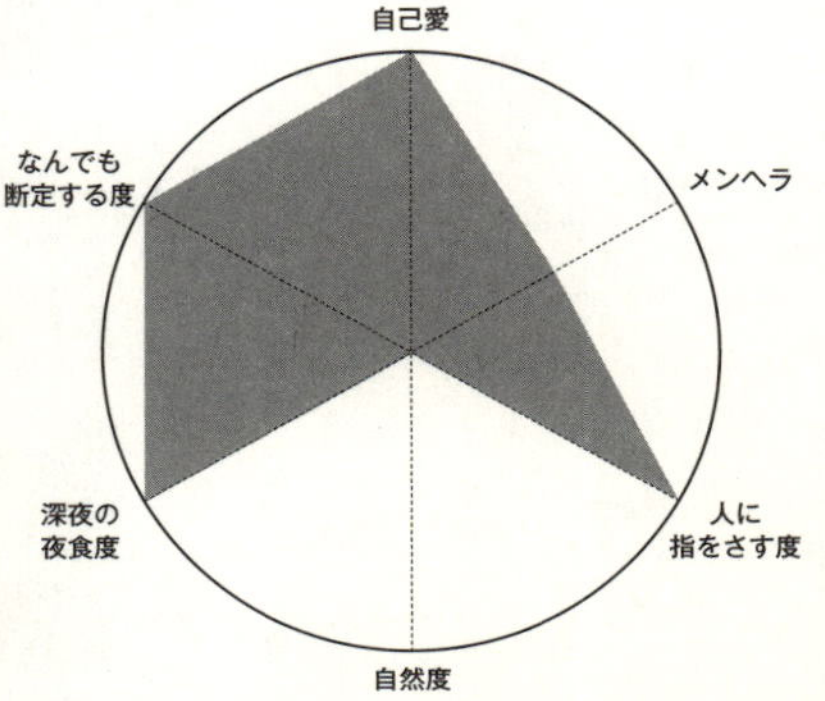
自己愛
メンヘラ
人に指をさす度
自然度
深夜の夜食度
なんでも断定する度

好きなアーティスト	椎名林檎

年齢と戦い続ける30代後半サバイバー

賞味期限抵抗女子

DJあおい 発酵女子 診療録

NO.024

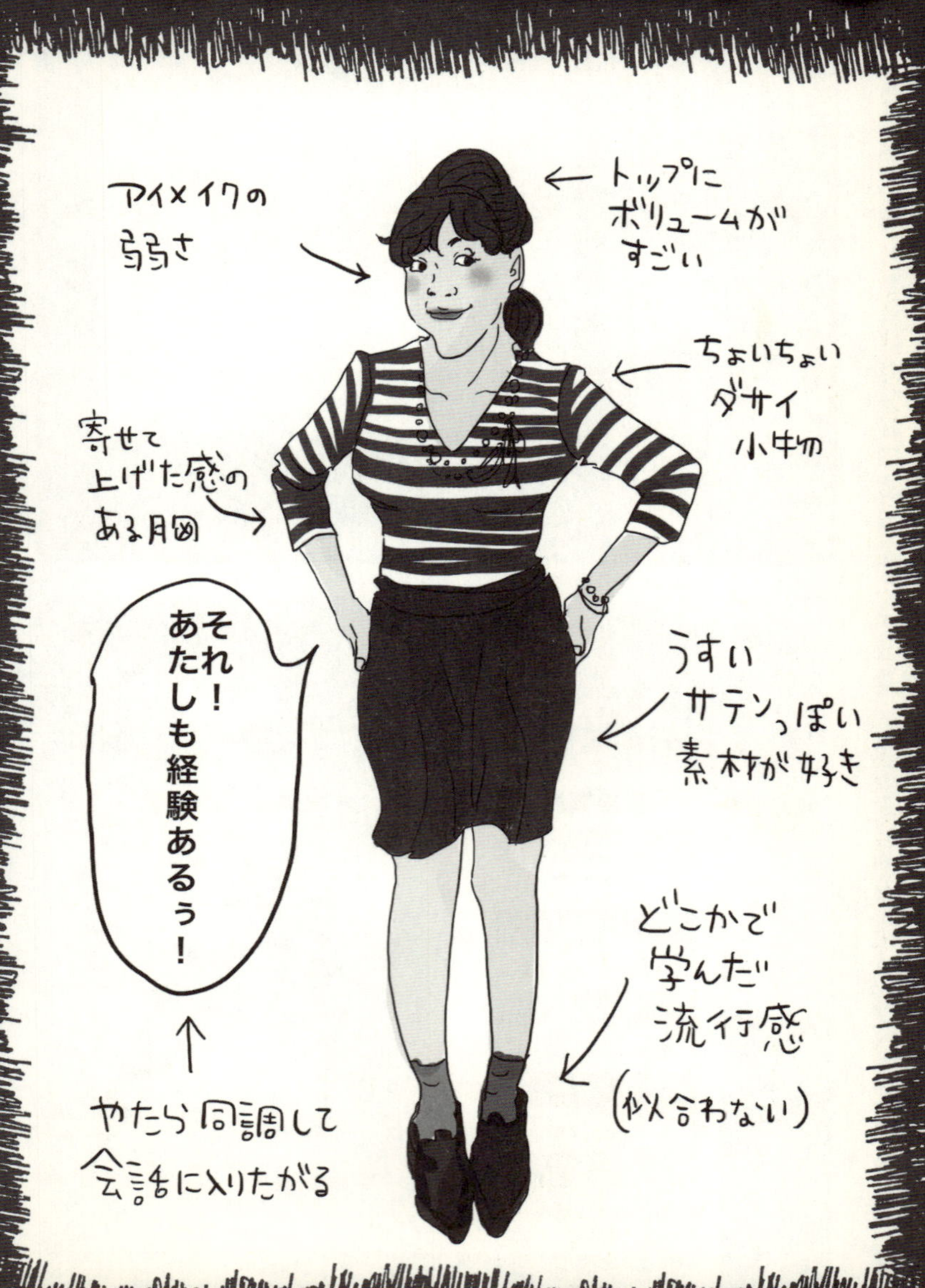

若さを求めるなら人工物なんて選ばない。

いるいる～！　このタイプは**幼少期から「美人」や「キレイ」と言われてチヤホヤされてきた**だけに、**自分が年を重ねるにつれて自分より若い子がチヤホヤされることに納得がいかず、どうにかして若さにしがみつく…**「いい男と付き合いたい」「いつまでも20代前半でありたい」と強く思うあまり、のちに**美魔女へと変貌を遂げる**タイプ。さてその発酵度数とは？

あ『今まで外見で得をしてきたから、**若さがすべてだと思っている**のよね』

つ「確かに若さってブランドですもんね。でも、もとからキレイな人って自分の魅せ方とかわかってる感じがするし…年をとるって言っても、なんだかんだいい感じに年とってくんじゃないですか？」

あ『甘いわ。それはちゃんと自分のことが客観的に見られる場合よ、発酵したら厄介なのがこのタイプなのよ…ご覧なさい！』

もうダメだ
美しくなかったら生きていたって仕方がない…

つ「ヒェェェ…！！」

あ『**〝可愛い〟というほど若くない、しかし〝美しい〟というほど熟してもない。**闇と光の狭間の世界で、自分の年齢と葛藤しているのよ』

つ「あおいさん！　早く風呂場に連れていきましょう！」

あ『年をとって、周りから一番にキレイと言われなくなると全力で抵抗しだすのよね。でもさ、**40代が20代に見えるって〝すごい〟かもしんないけど、それって〝美しい〟か？**』

つ「くそっ…。すべって運べない…。考察してないで手伝ってください!!」

あ『**〝すごい人工物感〟があるはず**よ。もはや妖怪やモノノケを見るような感覚だよね』

つ「ヒェェェ…！！」

あ『実際さぁ、年相応のほうが相手も安心すると思うよ？　だって普通に若いほうに行くでしょ。**若さを求めるなら、わざわざ人工物なんて選ばない。いい物件の男性は選べる位置にいるんだもん**』

高濃度コラーゲン配合…
新作の美容液でアンチエイジングォ、グフォ、ウ、ウォォ

つ「長い間、この姿で飛びすぎたんですよ…これ、このままじゃもとに戻れなくなりますよ!!!!!」

あ『それなのに、なんかいい方向に考えちゃって、そこからまた自分磨きだとか言ってお料理教室に通ったりしだすのよね。**いやいや、それ〝自分磨き〟じゃねーから。ただの〝娯楽〟だから**な』

それでは諸君…
うまし糧を!

つ「うまし糧を!!!!!」

あ『そういう**〝自分磨き〟と偽った〝男探し〟なんか**なぁ、**大っ嫌いなんだよ!!**』

つ「いや〜、ちゃんとした朝食なんて久しぶりですね! あおいさん!」

あ『やっぱり**人間離れしてると気持ち悪い。**何ごとにも限度ってもんがあるからさ。でもだんだんそうやって執着してくると何が普通なのかわからなくなっていくのよね。それはまぁ人間誰しもあることだよ』

つ「あおいさんあおいさん、ここ何かはさまってますよ」

あ『そうだなぁ。**〝アイドルを嫌いになったら〟発酵のサイン**だと覚えておいたほうがいいわよ。若くありたいゆえに、本当の若さを持っているアイドルにだんだんイライラしてくる…なんだか嫌いになってくる…、ここまできたら、**無意識にあなたが自分の容姿に限界を感じてきてる証拠**でしょう』

つ「木の棒かな? いや…カカシだ! あおいさん! カカシはさまってますよ!!!」

あ『本当にキレイでありたい、いい物件を手に入れたいなら、**若さだけに執着してちゃダメ。**自分磨きなんていう〝娯楽〟してる暇あったら、**年相応の〝キレイさ〟を学ぶべき**ね』

つ「カカシにおばあちゃん…、なんだか一気に家族が増えましたねぇ」

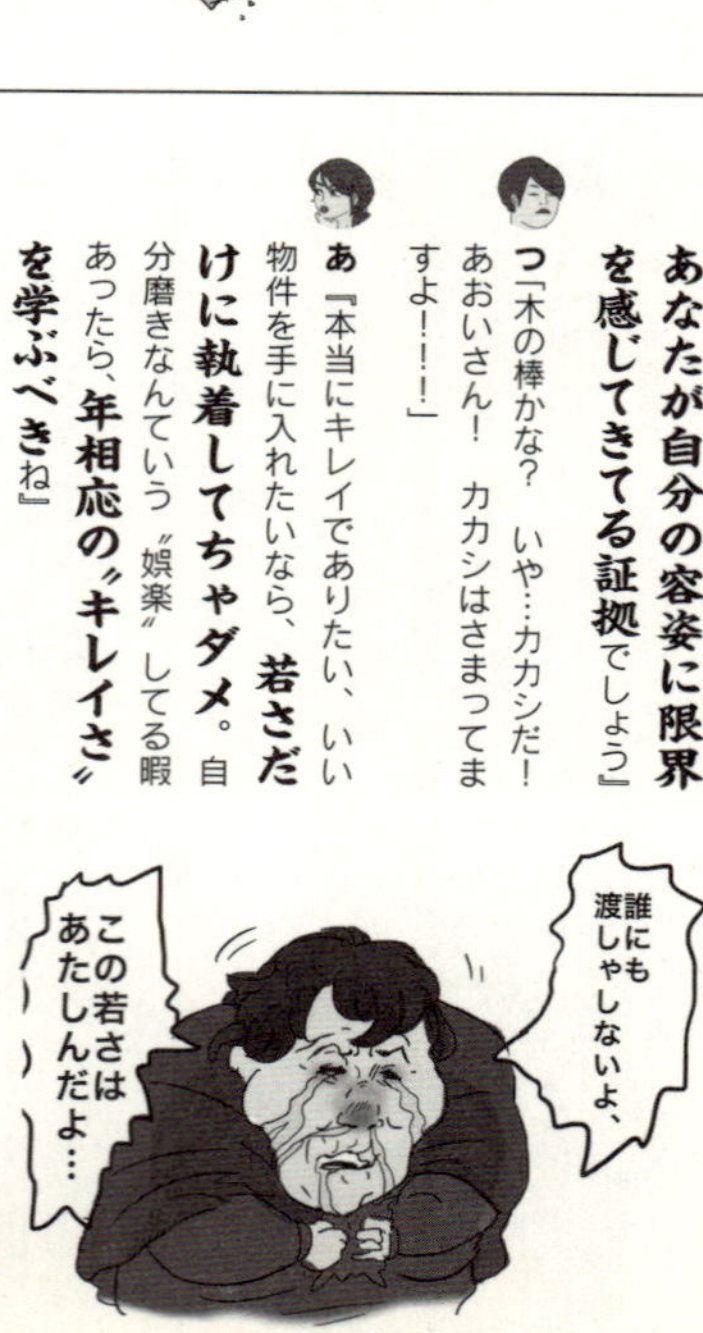
誰にも渡しゃしないよ、
この若さはあたしんだよ…

あ『………』

つ「………あおいさん?」

あ『………ヒンッ!!』

つ「……いやイヌかよ!!! あおいさんじゃなかったのかよ!!!」

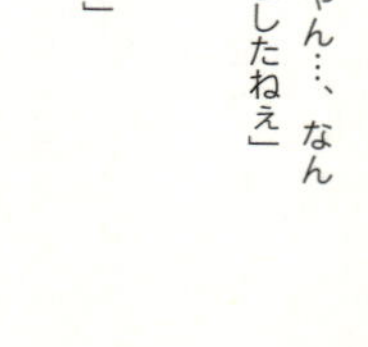

今回の助言

めざす像をしっかり持て！

イヌ「ヒ…悩める“賞味期限抵抗女子”のみなさん。あなたを救うのはズバリ“自分のなりたい像をしっかりと持つ”ことよ。ただ漠然と“若くありたい！”“キレイでいたい！”と思ってがむしゃらに頑張ってもダメ。もっと自分の魅力をわかって、それを最大限に生かせるような魅せ方を考えなさい。そのほうがきっと本当に“キレイ”なんじゃないかしら？」

つ「ありが…　いやイヌじゃん！！！　今日しゃべってんのイヌじゃん！！！」

賞味期限抵抗女子カルテ

発酵菌名　年齢の動く城菌

発酵度数

70%

周辺環境

彼氏	遊んでて気づけば2年いない
女友達	彼氏はいるけど遊びたい
男友達	まだまだ遊びたい30代
弟	年が離れていて息子感覚
姪	最近『アイカツ！』が好き

メンタルバランス

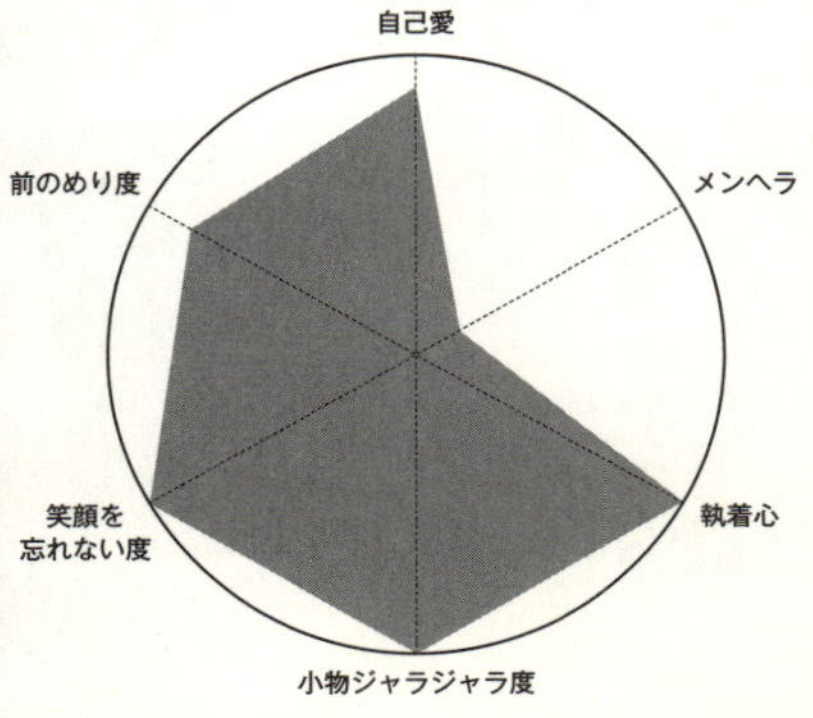
自己愛
メンヘラ
執着心
小物ジャラジャラ度
笑顔を忘れない度
前のめり度

好きなアーティスト	Gackt

いつも何かに緊張している、対人恐怖の小心者

手ぐしソワソワ女子

DJあおい 発酵女子診療録

NO.025

集団行動になると、後ろから2番目を歩きたがる

手ぐしソワソワ女子あるある

常に誰かに頼りたいし守られていたいのよね。

いるいる～！　このタイプは相手と会話するときにやたらと**髪の毛を触って落ち着きのない女子。**ひと言しゃべっては触り、ふた言しゃべってはまた触り…何かをごまかしているからなのか、はたまた相手に照れているのか…？　その真相（発酵菌）やいかに。

あ『結構いるよね～』

つ「髪の毛を触る女子を可愛いって思う男性もいるんだろうけど…落ち着きがなさすぎて個人的にちょっとイライラしちゃいますね!!」

あ『まぁまぁ。許してやんなさいな』

つ「えっ、あおいさんはイラつかないんですか？」

あ『これはね、**彼女にとってのメンタルコントロール**なのよ』

つ「メ、メンタルコントロール…？」

…よしよし
本当にラッキーは寂しがりやね…

あ『こういうタイプって**基本寂しがりや**なの。**常に誰かに頼りたいし何かに守られていたい…**そんな感情をコントロールするために自分の髪を触っているのよ』

つ「そんな深い感じのアレには見えないんですけど」

あ『例えば、誰かに頭ポンポンってしてもらったりすると安心したり気持ちよかったりするじゃない？』

つ「そうですね。大人になるとなかなかそういったこともないですけど…」

あ『それよ』

つ「大人になると…そういったことがなくなる…？」

あ『そう。**だから自分を撫でる**のよ』

つ「！！！こ、これ…髪を触ってるんじゃなくて…！！！」

あ『**自分を撫でてメンタルをコントロールしてるのよ**』

つ「でも常にそんな闇を抱えてると大変ですね」

あ『ある程度相手になれてくると大丈夫になるけど、まだ不

怖くない、怖くない…
おびえているだけなんだよね？

信感があったり初対面で相手がどんな人かわからなかったりするとすぐ発動しちゃうよね～』

つ「ほぉ～。これって男性の場合でも当てはまるんですか？」

あ『ん～～～　ないね！！！』

つ「ズバッ!!」

あ『**男はないよ、あいつらはほぼ自分のこと考えてるよ**』

つ「相手に対する不信感…とか不安感とかで髪を触りはしない…」

あ『そう。もし男性とカフェに一緒に行ったりして彼らが突然髪を触りだしたら、鏡か窓に映った自分を見てると思ったほうがいいよ』

つ「ツッカ～!!　女子はこんなに大変だというのに!!」

あ『それな。男は坊主でいいよな？　そもそも男性的に余分な部分じゃん。いいよな？』

つ「そんなに強く同意を求めないでください」

つ「でもこの子、社会に出たらちゃんとしなきゃいけない場面もあるじゃないですか。なんとかしてメンタルコントロールを他の方法に変えたほうがいいんじゃないでしょうか…」

つぼゆりよ
男の髪の毛を
一本残らず
焼きはらいなさい！！

あ『はぁ？』

つ「いやだから髪を触らないように…」

あ『**馬鹿野郎！！！！！！！！！！**』

つ「　」

あ『**おまえは髪を何だと思ってるんだ。その脳みそは飾りか？　髪は女の？　言ってみろ**』

つ「命」

あ『**はい命いただきましたァ～!!　命はいりまァ～す！！！**』

つ「クソッ、、何なんだこの流れ…これじゃあ原稿が収集つかなくなっちまう…！！！」

あ『女性の命でもある髪を触ることで自己メンタルコントロール。いいじゃないか』

つ「ファ…？」

あ『そうやって簡単に大事なモン手放そうとすんなよ。大人が全部正しいって訳じゃねぇんだ』

つ「（トゥンク）」

なんにもいないわ
なんにもいないったら！！

今回の助言

髪も切っちゃダメ!!!

あ「悩める“手ぐしソワソワ女子”のみなさん、あなたを救うのはズバリ“髪を切らない”ことよ。ヘタにしっかりしなきゃ！と考えてしまうと禁断症状が出ちゃうわよ。せっかくセルフでメンタルコントロールできる術なんだから、もはやそういう自分を守っていきなさいな。強くあれ、乙女よ!!」

つ「ありがとうございます!!」

手ぐしソワソワ女子カルテ

発酵菌名　その者長き髪をしてアスファルトに降り立った菌

発酵度数

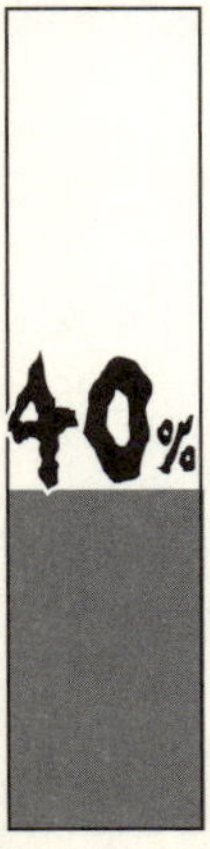
40%

周辺環境

彼氏	ナルシスト
女友達	噂話が太好き
男友達	ナルシスト
幼なじみ	ものすごく地味だが優しい
おばあちゃん	よく一緒に買い物に行く

メンタルバランス

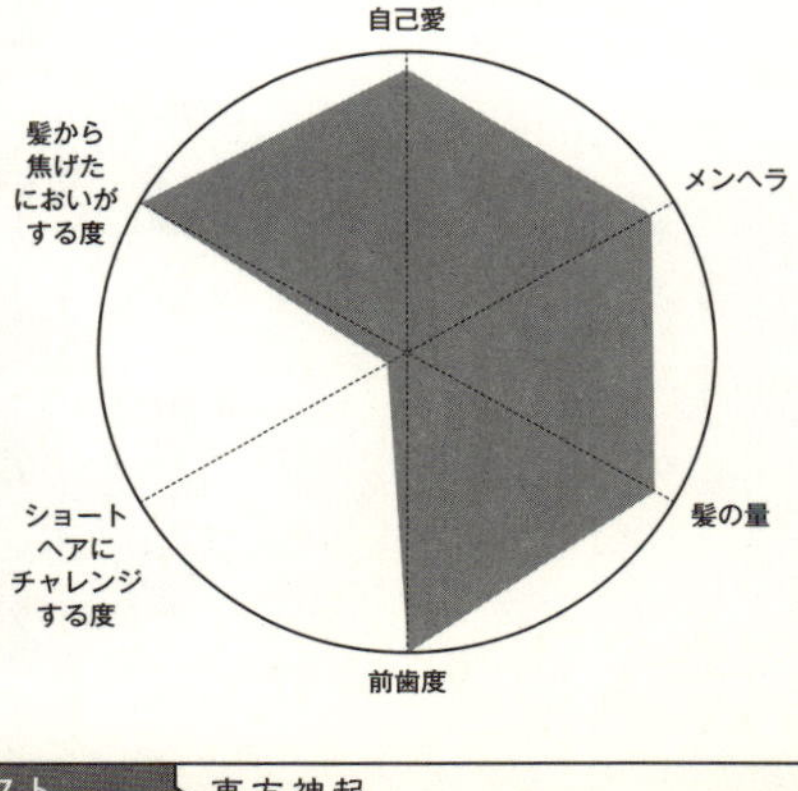
自己愛
メンヘラ
髪の量
前歯度
ショートヘアにチャレンジする度
髪から焦げたにおいがする度

好きなアーティスト	東方神起

自分のものさしを信じて疑わないおばちゃん予備軍

棚上げ女子

DJあおい 発酵女子《ハッコウジョシ》の診療録《カルテ》

NO.023

自分を全知全能の神だと思ってるっていうか。

いるいる〜！　このタイプは自分のことは**棚上げして人の悪口を言いまくる**タイプ。常に自分の悪いところは忘れているので**どんな人の悪口でもお手のもの。でも自分が他の誰かに悪口を言われると突然ブチキレるという爆弾を持っています。**さて、どんな発酵菌に感染しているんでしょうか？？

あ『いるよね、こういう年中毒舌キャラ』

つ「何かしら変化を見つけると知り合いじゃなくても即ｄｉｓりますよね！　悪口を悪口だと思っていないんでしょうかね」

あ『酔っぱらいのおじさんが〝**このままじゃ日本はダメなんだよ〜**〟って**政治家の悪口を言っているようなもん**よ』

つ「ああ、おっさんと同じか……」

ウィー…
ヒック
アレじゃ日本はダメだな。
もう全然ダメ

あ『同じっていうか、**おっさんよりタチ悪い**わね。おっさんだったら自分がｄｉｓられてもヘラヘラして終わるけど、こういうタイプは本気で怒りだすからね』

つ「完全に親ｊ……子どもじゃないですか」

あ『**人の悪口言ってる人って自分の悪口言われるとブチキレる**のよね〜』

つ「要するに、成長できてないってことですよね」

あ『いや……む**しろ自分は全知全能の神だと思ってる**っていうか』

つ「なんでそんなに自分のことを棚上げできるのか疑問です！」

あ『**棚上げどころか雲の上**よ。というか自分のことが見えていない、または自分を見ることをしないでシャッター閉めちゃってるんだよ』

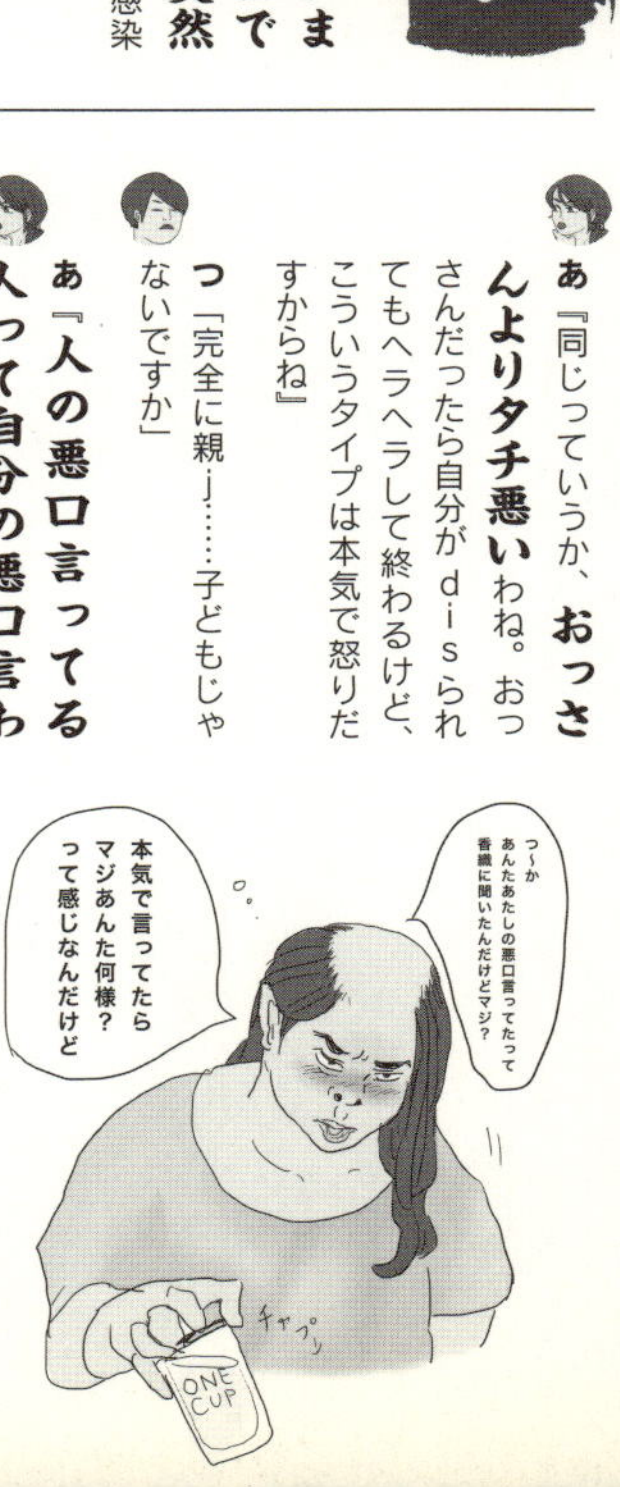
つ〜か あんたあたしの悪口言ってたって香織に聞いたんだけどマジ？
本気で言ってたら マジあんた何様？ って感じなんだけど
チャプン

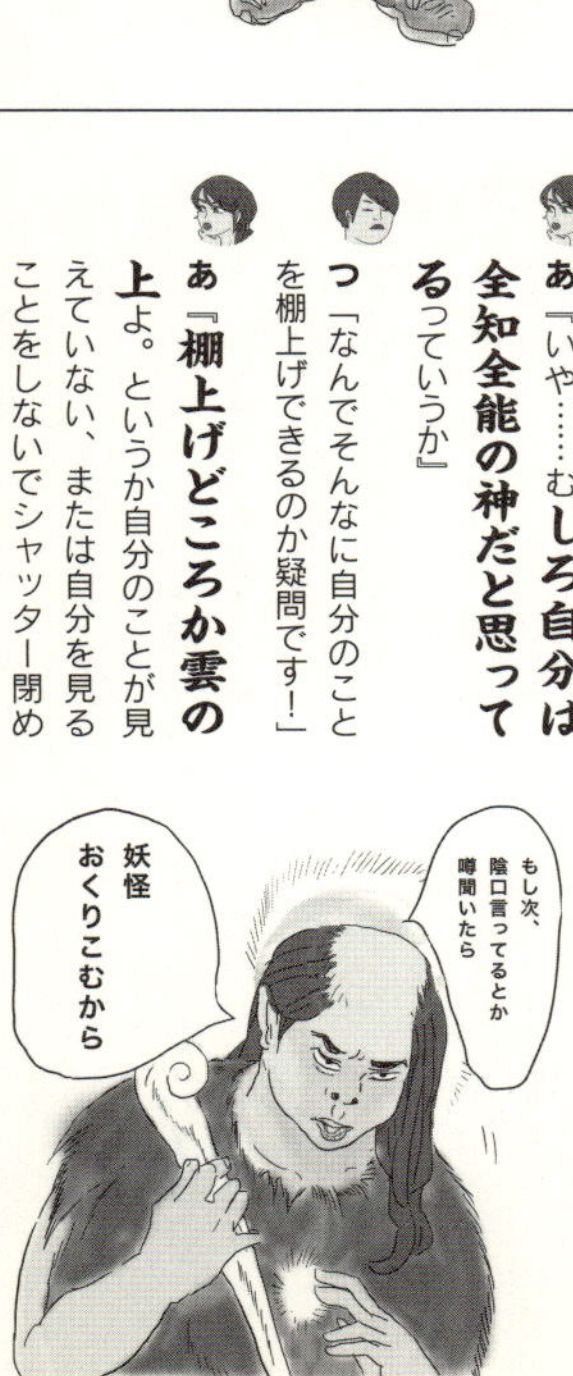
もし次、陰口言ってるとか噂聞いたら
妖怪 おくりこむから

つ「自分を見つめることを閉ざしていると……？」

あ『そう。そんなに周囲を気にできるんだもの。自分のことが目に入らない訳がない。でも**どこかで自分をあきらめちゃってる…。**だから**自分からシャッターを閉ざしてワザと見えなくしてんのよ。**ま、本人は普段、自分が感情をシャッターで閉ざしてることも忘れちゃってるけどね』

つ「自分で自分のこと忘れちゃってるって相当ですよね」

あ『でも本来はすごく気にしているところだから、**不意に他人から核心をつかれると一気に泣き出したりしてさぁ…**面倒くさいったらないわよ』

つ「悪口は言うわキレるわ泣くわ……絶対友達になりたくないです」

あ『って思うでしょ？　でもこのタイプ、1グループに1人はいたりすんのよ』

つ「エーーッ!?　MAX需要なさそうなのに!?」

あ『甘いわね。**世の中悪口言いたくても言えないような〝いいこ〟ぶりっこのほうが多い**んだから、こういうズバズバ言っちゃうタイプは**自分の発言を代弁してくれる人として重宝**されんのよ』

つ「うわぁ……そっちも大概ゲスいですね」

あ『ね。そっちはそっちで自分は〝いいこ〟でいたいから、この子が言った悪口に〝そうそう！〟って思いながら〝ヤダ～言いすぎだよ（笑）〟とか言ってんのよ』

つ「おいおい最悪な需要だな」

あ『しかし全知全能の神は民を信じて日々、水を酒に変えているのだった』

つ「そうですね……（あれ？……ラストただの神じゃね……？）」

今回の助言 **下界に降りろ!!!**

あ「悩める“棚上げ女子”のみなさん。あなたを救うのはズバリ“下界に降りる”ことよ。そうやっていつまでも心を閉ざして見ないフリしていてどこが得なのかしら？　みんな、そんなあなたを利用していることに早く気がつくことね。よく人の悪口を言っているグループに鏡を持っていくと悪口を言えなくなるって言うけど、まずはそのくらい自分を見つめること!!　それから始めてみなさい。大丈夫、所詮どんぐりの背比べ、あなたが卑屈になるほど大した差なんてないもんよ」

つ「ありがとうございます!!」

棚上げ女子カルテ

発酵菌名 **暇をもてあましたタナアゲの遊び菌**

発酵度数

50%

周辺環境

彼氏	いない（3年前から）
女友達	いる（自分とは反対のタイプ）
男友達	いつもケンカ腰
お母さん	長い休みになると部屋をかたづけに来る
実家のイヌ	柴犬

メンタルバランス

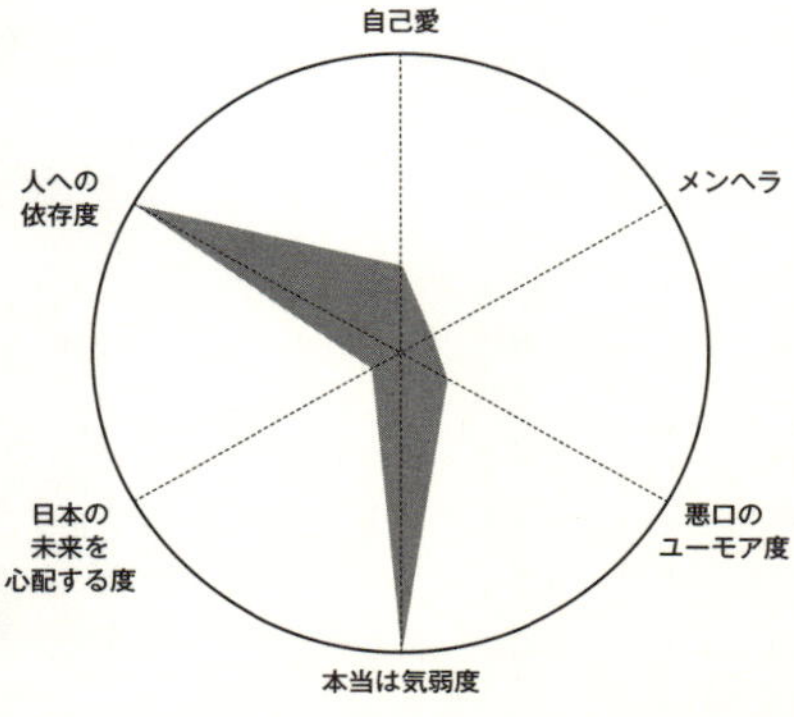
自己愛
メンヘラ
悪口のユーモア度
本当は気弱度
日本の未来を心配する度
人への依存度

好きなアーティスト	back number

絶対に暇人だと思われたくない自己アピール

偽りの多忙女子

DJあおい 発酵女子の診療録 NO.027

なんでも言い訳は「忙しいから」なのよね。

いるいる〜！　このタイプは自分が**周囲から〝暇人〟だと思われないように何かと予定が入っているアピールをしてくる**タイプ。連絡をとって遊ぶ約束をしようとしても、「ちょっと確認するね」とすぐに返事をしてくれません。そんな発酵菌とは一体…??

あ『ろくな予定入ってないわよ、きっと』

つ「そうですかね…?　でもスケジュールがわからなくてすぐに返事できないんだから、そこそこ忙しい日々を送っているのでは?」

あ『逆よ！　**本当に忙しい人はすぐに予定がわかるもん**なの。だってしっかりスケジュール管理してないと仕事こなせるわけないもの』

つ「た、確かに…！　じゃあ彼女の言う忙しいとは一体…」

あ『来週1日くらい何かあったな〜…くらいの予定よ』

期間限定
BIG☆BIG☆BIGバーガー
※理想
※現実

つ「なんとアバウトな…」

あ『そうそう、**はっきり把握してなくてもいいようなつまらない予定**よ』

つ「ひでぇ言い方だな」

あ『こういうタイプに限って、忙しいとか言いながら新作のコートを着ていたりメイクバッチリでスタバの新作片手に登場したりすんのよ』

つ「うわ!!　全然時間あるじゃん!!!」

あ『そのくせ、**なんでも言い訳は〝忙しいから〟**。友達が少ないのは〝忙しいから〟。彼氏ができないのは〝忙しいから〟。ダイエットができないのは〝忙しいから〟…』

ねぇ、あの子、今週も水泳見学なの?
あ〜…なんか忙しい日らしいよ
またぁ〜?
ヒソ
ヒソ
ヒソ
ヒソ

あ『メイクが雑なのは〝忙しいから〟。ヒールが汚れているのは〝忙しいから〟。コンタクトの使用期限過ぎても使って充血してるのは〝忙しいから〟…』

つ「お、おう…」

あれぇ〜
しいたけ食べないんだべか
う・うん…ちょっと朝からおなかが忙しくて…

あ『可愛い服が買えないのは〝忙しいから〟。掃除ができないのは〝忙しいから〟。時間を守れないのは〝忙しいから〟…』

なに今日の夕ごはん！超忙しいじゃん！
も〜あんたは
おかわりあるからね
そうやってなんでも忙しいって言うんだから

あ『一度しっかりと自分の予定を手帳に書いてごらんなさい。なんでもかんでも〝忙しい〟を言い訳にしてないで、現実見なさいよ。**自分がどれだけ暇人なのかを思い知るがいい!!**』

つ「そうだそうだ思い知れ!!」

今回の助言
締め切り守れ！
あ「何ごとも先のばし先のばしにしているとずっと忙しく感じてるまま。やらなきゃいけないことをちゃんとスケジュールに書いて、逃げないですぐにやる！　それが“忙しい”を言い訳にしないちゃんとした生き方…ごめんなさい、締め切り守ります」
つ「ウッ…私も締め切り守ります…すみません!!!」

偽りの多忙女子カルテ

発酵菌名　※画像はイメージです菌

発酵度数

40%

周辺環境

彼氏	忙しいからできない
女友達	忙しいから遊べない
男友達	忙しいから会えない
いとこ	忙しいから連絡してない
幼なじみ	忙しいからLINE返せない

メンタルバランス

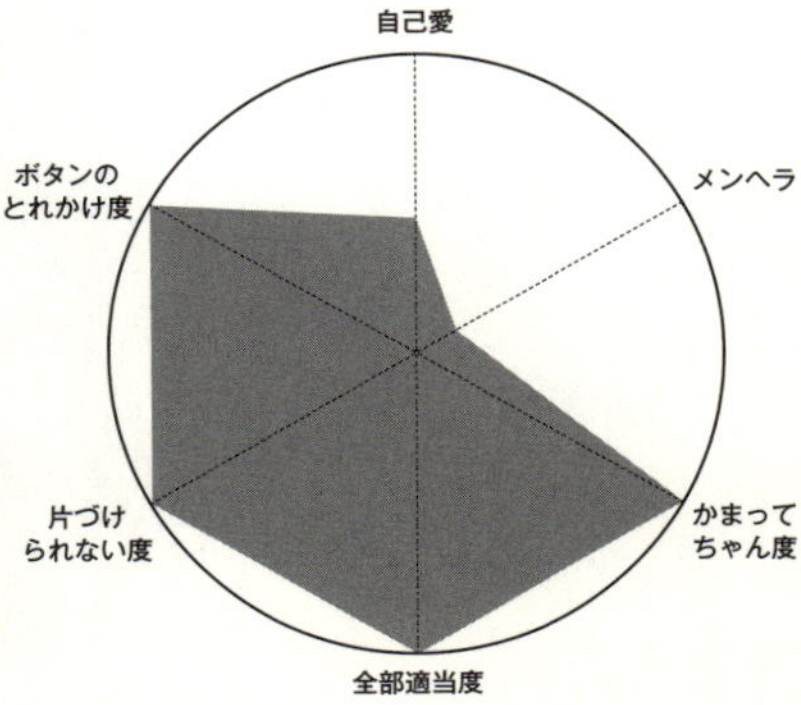
自己愛
メンヘラ
かまってちゃん度
全部適当度
片づけられない度
ボタンのとれかけ度

好きなアーティスト	Mr.Children

こんなに大好きなのにどうしてわかってくれないの？

愛してる重圧女子

DJあおい 発酵女子 診療録

NO.028

努力するところを間違えてんのよね。

いるいる～！　このタイプは**彼氏から毎日「好きだよ」と囁かれ、LINEの返信をハートマークつきで1分以内にもらわないと安定した気持ちでいられない**タイプ。どれだけ説明してもなんでもすぐに疑ってきて、**「ケータイ見せて」も日常茶飯事。**一体どんな発酵菌なんでしょう??

あ『結局は**彼のことを好きって言ってる自分のことが好き**なのよね』

つ「愛されてる自分が好き…なるほど」

あ『こういうタイプにとって恋愛ってドラッグ…いつも藁にもすがる思いで恋愛してるのに、**最後の最後は捨てられちゃう**のよね』

つ「どうしてそうなってしまうんでしょう?」

あ『**全部相手に何かしてほしいだけ**なんだよ。自分では何もできない…だからいつもヒットポイント（HP）が1か2くらいしかないんだよね』

つ「弱っ！」

あ『もう、一歩あるいたら死んじゃうレベル。そのくらいすべての力を恋愛からもらってるのよね。いつも馬車の中にいて、戦わずに〝ああ早く町についてくれないかな…〟なんて思ってる』

あ『そんなに恋愛が軸なのに、**努力するところを間違えてんのよね。**休日は恋愛成就のために神社めぐり…それから占い師に今後の自分を占ってもらう…そこでまたお金をむしり取られて銀行で借金…』

つ「うわ、自分のことばっかで肝心な彼に何もできてない！」

あ『そう。それなのにいい物件である〝勇者〟を仲間にしたがんのよ。価値のある彼氏と付き合いたい…**いろいろチグハグになっているのに、それに気づいてない**のよ』

あ『そんなことしてたら**そりゃ飽きられるし、捨てられる**わよ。戦ってもくれないし…そんなヤツと一緒にいてもつまんないんだもん』

つ「じゃあ彼女は結局どうすれば…？」

あ『まずはＨＰを上げることね。経験値をコツコツ上げて、自分に自信をつけるのよ。そのうち魔法を覚えて、行動範囲が広がって…そしたら勇者も仲間になってくれるかもしれないじゃない』

つ「確かに…コツコツと、一歩ずつ、ですね！」

あ『ほら、言ってるそばからお迎えよ。前をご覧なさい』

つ「うわあぁぁ大量のマドハンドだぁぁぁ！！！」

あ『（勇者じゃなかった）』

つ「入ったばっかでこんなんくるとか、この区域ヤバイですって！　一旦戻りましょうよ！」

あ『馬鹿野郎!!　人生はな、ゲームと違って一旦戻ったりできねえんだよ!!』

つ「なんでここだけしっかり現実見たよ!!」

今回の助言　部屋を掃除しろ！

あ「要は断捨離よ。自分で自分を正して、自信をつけるの。生活の中で一番すぐできることから始めなさい。掃除とかね。そうやってコツコツ自信の経験値をためるのよ。一生レベル１のまま、こん棒持って終わりたくないでしょ？」
つ「いかん!!　ドラゴンをクエストしようぜ！」

愛してる重圧女子カルテ

発酵菌名　恋愛クエスト菌

発酵度数

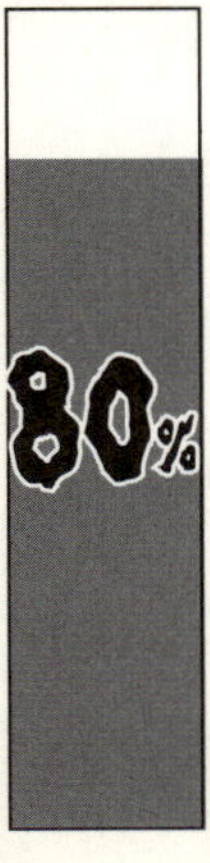
80%

周辺環境

彼氏	捜索中
女友達	よき相談相手
男友達	あまり関わらない
サークルの先輩	よき相談相手
サークルの後輩	インコ（よき相談相手）

メンタルバランス

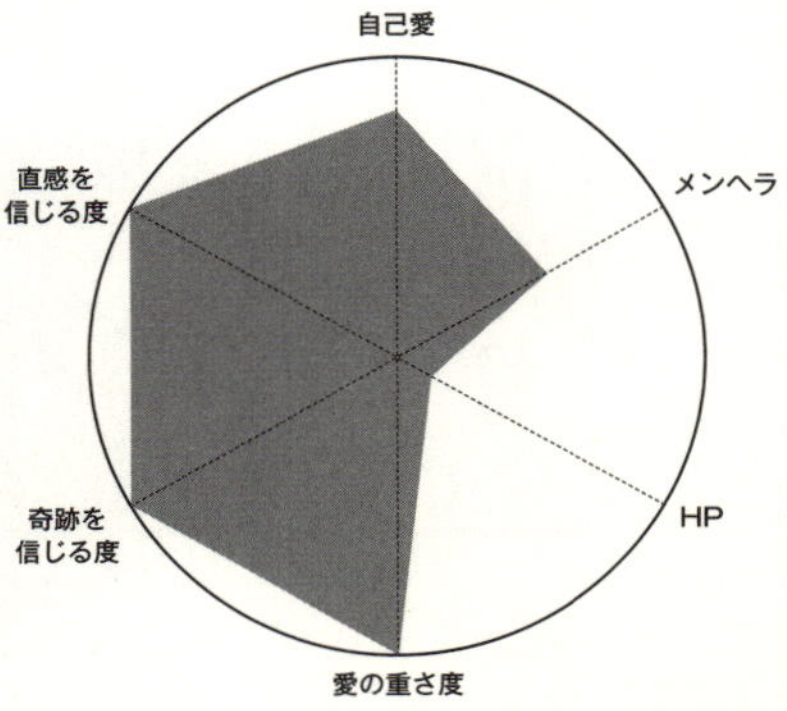
自己愛
メンヘラ
HP
愛の重さ度
奇跡を信じる度
直感を信じる度

好きなアーティスト	加藤ミリヤ

アサカツ！

深夜に失礼だけどメール入れておこう…
カタカタ
あおいさん寝てるだろうな…
ピロン
えっ
後日
あおいさん…ちゃんと寝てます？
締め切り前
やだなぁ何言ってんのよ
朝活よ、朝活
絶対つながってる…夜からつながってるよ…
朝活ってすばらしいですよね…
ギン
早起きは三文の徳よね
ブラックコーヒー

こぼれネタ04

うんうん、これもまたアサカツだよね

つ「あおいさんっていつ連絡しても起きてますよね…メチャクチャ深夜、いや明け方でも普通にメール返ってきますもんね…寝てます?」

あ『ちがうよ。…あれはアサカツなんだよ』

つ「早起きすぎだろ…なん文〝得〟しようとしてんだよ」

あ『それを言うならつぼゆりだって』

つ「アサカツですよ」

あ『おまえこそ欲望の塊かよ。〝得〟なんか忘れて寝てください』

つ「そういえば、こないだは仕事の話そっちのけでオバケの話になりましたよね（笑）」

あ『あったね～（笑）』

つ「この時間（深夜2時～2時半）って一番オバケ出るらしいですよって送ったら」

あ『夜中にトイレに行きたくなるのは、そのときにトイレで誰かが呼んでるからなんだって…って返してね（笑）』

つ「いやマジで怖かったっす」

あ『ざまぁ…』

つ「クソ!!!」

あ『いやこっちも、ビビらせたいのに自分でビビってんだよね（笑）』

つ「それ、あるあるや～!!（笑）」

あ『私よく仕事で遠出したりするとホテルに泊まったりするから、本当ホテルが怖いんだよね』

つ「え? ホテル怖いですか?」

あ『怖いよ!! 絶対オバケいるってあれ』

つ「そうかなぁ…」

あ『だからほら…いろいろ考えちゃうと…アサカツしちゃうよね』

つ「えーーーー! 理由オバケーーーーー!!」

初の男子斬り

今まで女子しか斬ってこなかったけど今回は書籍化ということで、男子もスパッと斬ってみたわよ！
発酵してるのって女子だけじゃなかったのか！

発酵男子
カルテ

何を見ても大声＆大爆笑の色黒野郎

パリピ男子

眉ナシ
金髪短髪
だいたい目が細いのでグラサンでカバーしている
なぜか下唇をつきだす
首元から肌が白い
ウェ〜〜〜イ
※語尾
ア〜〜イ？

群れてる輩に面白いヤツはいないんだぜ。

いるいる〜！　このタイプは**ノリだけで日々生きてる**タイプ。女子とつるむより男子と仲間内でつるんでワイワイ騒ぎまくるのが大好き。一体どんな発酵をしているんでしょうか？？

あ『あー嫌いだなー』

つ「容赦ねえな!!」

あ『このタイプってなんでこんなに自信満々なんだろうね』

つ「すごいわがもの顔で行動してますよね」

あ『**地味なコミュ障となんら変わらない**くせにさ』

つ「コミュ障と!?　いやいや、そこは真逆じゃないですか！」

あ『同じよ。だって**どっちも面白くない人の集まり**なんだもん』

つ「お、面白くない…？」

あ『いいことを教えてあげよう。**群れてる輩には面白いヤツはいないんだぜ**』

つ「!!　なんと！」

あ『面白さっていうのは人のネガティブな部分からくるのよ。だからこんなパーティー大好き☆パリピの中に面白いヤツがいるわけがないの。まだ地味なコミュ障のほうが面白いかもしれない。そっちのほうがピュアだし

今回の助言 **生産しろ！**

あ「悩める“パリピ男子”のみなさん、あなたを救うのはズバリ“生産する側にまわる”ことよ。消費してるだけじゃつまらないって薄々気がついているんじゃない？」

つ「ありがとうございます!!」

パリピ男子カルテ

発酵菌名 栄養ウエエエーイ菌

発酵度数

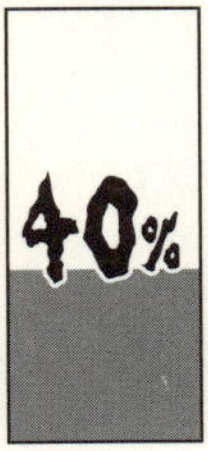

周辺環境

彼女	3人いる
男友達	ルームシェア
女友達	ルームシェア
兄貴	走り屋
後輩	当たり屋
好きなアーティスト	MAN WITH A MISSION

メンタルバランス

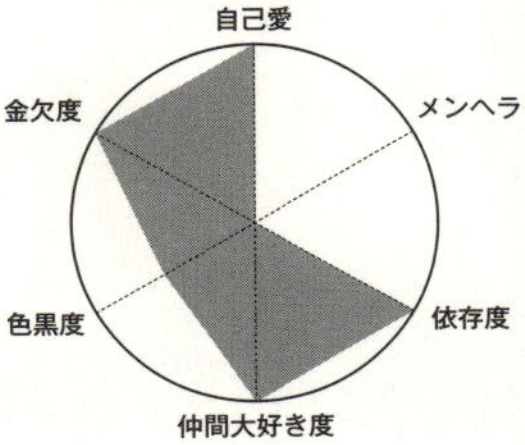

ね。パリピはただ元気なだけ！』

つ「元気だけが取り柄…そう言われると納得かも」

あ『そんな彼らは日々、何をすることで盛り上がっていると思う？』

つ「え？ お酒を呑んだり…クラブに行ったり…？」

あ『そうそう、**そうやって毎日ひたすら“消費”をすることで盛り上がっている**のよ』

つ「消費、ですか」

あ『**社会の養分にされている**ことに誰も気がついてないんだよね』

つ「言い方怖っ!! 養分！」

あ『生産側からしたら最高のカモなんだよ』

つ「くわばら…くわばら社会…」

あ『ハロウィンだってそうよ。パリピが渋谷で仮装を楽しむのは、しっかり社会の養分となって吸収されているという事実』

つ「うわー本当社会怖い…。なんだかパリピがかわいそうになってきましたよ。社会の養分スパイラルから抜け出す方法はないんでしょうか？？」

あ『パリピは1人ではパリピになれない。つまり仲間がいてこそのパリピ』

つ「そうですね」

あ『だからもし彼らが消費スパイラルから抜け出すきっかけがあるとしたら、仲間の1人がパリピを卒業したときでしょうね』

女々しさを感じさせることで女を油断させる

顔文字多用男子

眉毛の手入れはしない
ギャル男かインテリかいまいち定まらないヘアスタイル
常にうす笑い
唇うすい
この間さぁ…
絶対にシャツのボタンを一番上までとめる
スマホを離さない
人に話をふる前に必ず自分の話

顔文字には下心が隠されているのよね。

いるいる～！　このタイプは女性を上から見ているタイプ。**「こうやって優しさを見せれば女ウケするんだろ？」**と内心思っているかもしれません。はたしてその発酵菌とは？？

つ「顔文字を使う男性って可愛いイメージありますけどね」

あ『もちろん本当に可愛い人もいるわよ。でも気をつけたいのがそうじゃない場合ね。可愛いっていう方向を悪く発酵させてしまってる場合』

つ「可愛いを悪く発酵…」

あ『**ズバリ、女々しさを演出している！！**』

つ「女々しさを…演出だと!!」

あ『〝女々しく見せる〟その中には**〝こうしたら女ウケすんだろ？〟っていう本性が隠れている**のよ』

つ「はぁ～～～!?　てめ、どんだけ存在神だよ!!　見下してんじゃねぇよ!!」

あ『それな。顔文字貼り付けないと女子とコミュニケーションとれないとか情けなすぎるんだよ』

つ「つまり最近の男性には男らしさが足りないっちゅうことですか」

あ『そうそう。ｔｗｉｔｔｅｒとかＦＢ、ＬＩＮＥとかが普及してすぐに

今回の助言 AA使え！

あ「悩める“顔文字多用男子”のみなさん、あなたを救うのはズバリ“やるならAAレベルまでやる”ことよ。中途半端に媚び売ってんじゃねぇ!!」

つ「ありがとうございます!!」

顔文字多用男子カルテ

発酵菌名 お久しぶり〜(ﾟ・ω・ﾟ)☆菌

発酵度数

55%

周辺環境

彼女	只今募集中
男友達	同じく女々しい
女友達	一緒にディズニーに行く
弟	かなり男っぽい
ペット	ハムスター
好きなアーティスト	Superfly

メンタルバランス

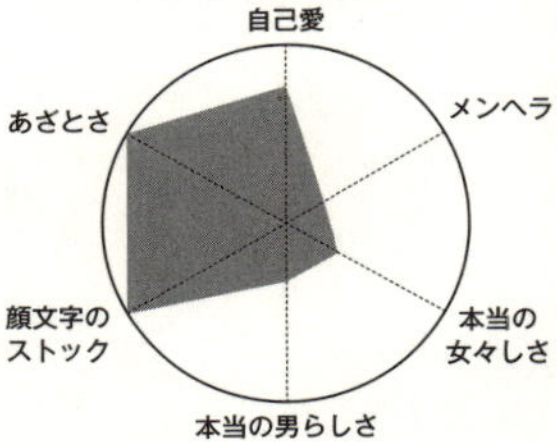

連絡がとれるようになったから、こういう面倒くさいヤツが増えてんのよね』

つ「なるほど」

あ『いろいろと理由をつけて遊びに誘う文章の最後に、顔文字や☆、♪を多用してくる…そこには**〝下心なんかないよ〟という名の下心があります**』

つ「結局下心じゃん。…じゃあ、この人がいい感じに恋愛できる方法ってあるんでしょうか？」

あ『そうね。その顔文字、むしろAAまでやっちまいな、AAまで送ってきたらむしろその個性、認めてやるよー!ー!』

```
Δ ~~~~ Δ
ξ ・ェ・ ξ
ξ  ~  ξ
ξ     ξ
ξ       “~～~～○
ξ             ξ
ξ  ξ  ξ~～~ξ  ξ
  ξ_ξξ_ξ  ξ_ξξ_ξ
    ヽ(´・ω・)ﾉ
      |  /
      UU"」
```

つ「嘘つき!! アルパカぶつけようとしてるくせに!!」

女性よりも女性を極めるニュータイプ

ジェンダーレス男子

どんなに染めても髪サラサラ（髪色コロコロ変える）
眉毛のお手入れバッチリ
カラコン
※自分を絶対に曲げない
でも俺はさぁ
ネイルしてる
肌が荒れないようにとてもスキンケアに気をつけている
ピアス多い
ハデ

理想の女性を自分で表現しようとしてるのよ。

いるいる〜！　このタイプはレディースの服を難なく着こなし、肌もキレイで**女性より女性っぽい**（!?）タイプ。その内面には驚くべき感情を隠しているのかも…？　その発酵度数やいかに！

あ『最近の女性の求める男性と、実際の男性って違ってきてるよね』

つ「と、言いますと？」

あ『女性はいつの時代も、金持ちでいい企業に勤める男を求めているけど…今の時代そんな男はなかなか探してもいないからね〜』

つ「確かにそうですね〜。だから最近の男性は恋愛したくない人が増えてしまっているんでしょうか…」

あ『うんうん。そんなものを自分に求められても重いよね。彼らも自分が生きることに精一杯だろうさ。…だから**アイドルとか2次元で満足して、恋愛をしない**のかもしれないよね』

つ「逆に、そんな男性の求める理想の女性ってどんな人なんでしょうか？」

あ『そこだよ、今回のポイントは！』

つ「理想の女性像、ですか？」

あ『そう。最近は女性のようにキレイな男性が増えてるらしいよね』

つ「は、はぁ…」

今回の助言　そのまま磨け！

あ「新タイプの“ジェンダーレス男子”のみなさん、あなたに願うのはズバリ“そのまま自分を磨いてもらう”ことよ！　これからの世の女性のお手本となっていくでしょう！」

つ「すごい時代や！　ありがとうございます !!!」

ジェンダーレス男子カルテ

発酵菌名　未来型ウーマン菌

発酵度数

未知数%

周辺環境

彼女	別にいらない
男友達	スイーツが好き
女友達	洋服おそろい
好きな人	特にいない
嫌いな人	特にいない
好きなアーティスト	XOX

メンタルバランス

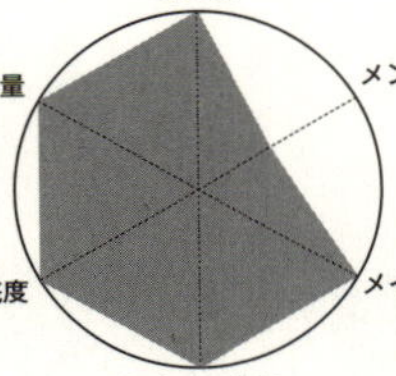
自己愛
メンヘラ
メイク度
毎晩パック度
厚底度
ピアスの量

あ『実はこれ、**自分の理想の女性を自分自身で表現しようとしてる**んだよ』

つ「!?…バ、バカな…！　自分自身で、理想の女性を…だと!?」

あ『そう。幼い男の子ってさ、カブトムシとか好きだろ?』

つ「は、はい。昆虫とか好きですよね、男の子って」

あ『そんで、簡単に将来の夢はカブトムシ！　とか言ったりするだろ?』

つ「ははは、そうそう。なれるワケないのに可愛い…。ハッ！　これって…これって、も、もしかして…」

あ『そう。カブトムシが好きだからカブトムシになりたかったあの時代が過ぎ、今は**キレイな女性が好きで、それそのものになろうとしている**のさ！！！』

つ「なんて新しい思考回路！！！！！」

あ『そう。時代は変わったな』

つ「変わりすぎやろっ！！！！」

あ『これからの時代、女性がめざすのはモデルじゃない。このタイプの男子だ!!』

つ「男を目標にして女らしくなる…。なんて時代が来てしまったんだ…」

あ『フォッフォッフォ、やっとこの星も盛り上がってきたようじゃの』

つ「あんたはどこから来たんだよ！」

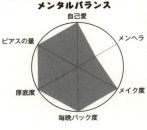

気になることはとことん発言、すべては君のため

アドバイザー男子

無駄に染めない
清潔感
普段からいいものを食べているので肌がキレイ
いつでも目がマジ
歯が白い
ものすごくこぎれい
本当のことを言っただけだよ
悪気はないが一番ムカつく

それ、確実に自分の好み入ってるから。

いるいる〜！　このタイプは女性になんでもかんでもアドバイスするタイプ。そこに悪意はないが、女性からしたら「うるせえんだよ」と言いたくなるような面倒くさいことまでツッコんできます。はたしてその発酵菌とは？

あ『本質は普通にいい人なのよね〜』

つ「わざわざアドバイスしてくれてるんですもんね。もったいないなぁ」

あ『そうねぇ。う〜ん、**ちょっとバカなのかな？**』

つ「ひでぇ！！！」

あ『いい人っていうのは**計算できない人**なのよね。損得感情がないから、自分が気がついたことをその場でポンポンしゃべっちゃうのよ』

つ「まぁそれで女性から恨まれちゃ、確かにバカですね…」

あ『しかもさ、〝大人になってからアドバイスしてくれる人なんかなかなかいないから大事にしたほうがいい〟とかって話よく聞くじゃない？』

つ「はい。実際何か悪目立ちしてても、大人になったら見て見ぬフリだったりしますからね。それはありがたい存在なのでは？？」

あ『あれ本当嘘だから。**マジでうっとうしいだけだから**』

つ「いい人ぶった斬ったよ、この人」

あ『したり顔していろいろ言ってくるヤツいるけど、ほぼ間違ってるから』

今回の助言　一回見守れ！

あ「迷える“アドバイザー男子”のみなさん、あなたを救うのはズバリ“一回見守る”ことよ。悪気がないからってすぐなんでも口に出しちゃダメ」

つ「ありがとうございます!!」

アドバイザー男子カルテ
発酵菌名　木彫りのアドバイス菌

発酵度数

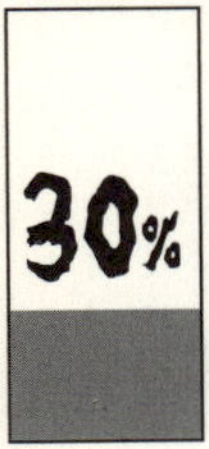

30%

周辺環境

彼女	最近フラれた
男友達	よくラーメン食べに行く
女友達	パスタが大好き
先輩	あたりが強い
後輩	ほとんど無言
好きなアーティスト	サンプラザ中野くん

メンタルバランス

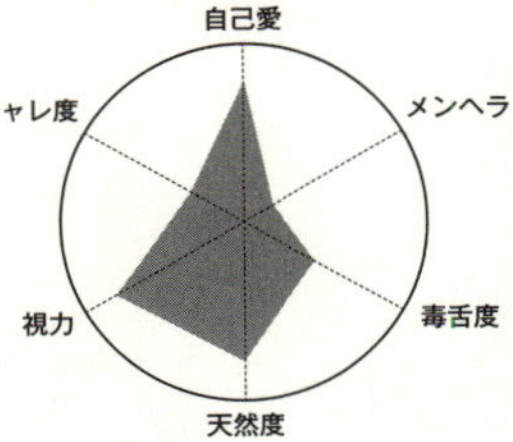

つ「いい人がだんだんかわいそうになってきたよ」

あ『大人になって他人にアドバイスするなんて、それ**確実に自分の好み入ってる**から』

つ「さっきバカって言ったの確実に悪意入ってましたよね」

あ『とにかく！　気をつけたほうがいいわよ〜。悪気がないぶん厄介だしね。精神論とか入れてきたりするからなマジで、マジ厄介だからなマジで』

つ「もう嫌いじゃん、嫌いって言ってるようなもんじゃん」

あ『全然欲しくないアドバイスを延々と出してくるからな。熊がシャケくわえてる置物を延々と送ってくるからな』

つ「いらね〜〜〜〜〜〜〜〜〜〜！！！！」

あ『そこに本人が気がついてないから厄介なのよね。ダメダメ、いくら根がいい人でも大量に熊の置物送ってきたら嫌いになるから』

つ「そら嫌われるわ。でもこの優しさもったいないですよ。どうしたらいいんでしょう」

あ『このタイプはその場でポンポン言っちゃうからダメなのよ。見たものばかりにコメントしちゃダメ。**一度相手を〝見守る〟こと**ができないとその優しさは伝わらねぇからな!!』

つ「相手を見守る…！」

あ『そう。アドバイスする前に一回見守る！　そしたらそのアドバイスが彼女にとって的外れかどうか判断できるはずよ』

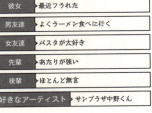

だまされたくない…自己防衛は欠かさない

それってワザと？男子

もとをたどれば自分が自分を嫌いってことなのよね。

いるいる～！　このタイプは**恋愛本や心理テスト本が好き**な、すべてを一回頭で考える人。女子の行動や発言に対して「それ、ワザとやってるでしょ？」などとツッコミを入れてくる、女子からしたら**非常にありがたくないタイ**プです。さて、どんな発酵菌に感染しているんでしょうか？？

あ『うざ～い』

つ「ですよね～　自分に自信があるから〝俺、女心わかってるぜ～？〟って言いたいんですかね？」

あ『いやこいつ、**自分に自信ないタイプだね**』

つ「えっ!?　ないんですか？　めっちゃアリアリかと思いましたよ」

あ『この場合の〝ワザとでしょ？〟は、〝俺のこと好きなわけないよね？〟という確認なのよ』

つ「メンタル弱っ」

あ『自分を好きじゃないあまりに、**相手も自分のことを好きになってくれるはずがないと決めつけてしまってる**のよね』

つ「おいおい、自分からシャッターおろしちゃってるじゃないですか」

あ『そう。ROCKが好きな人は自分のこと大嫌いなのよ』

つ「うん？」

今回の助言　直感を素直に信じろ！

あ「悩める“それってワザと？男子”のみなさん、あなたを救うのはズバリ“素直に自分の直感を信じる”ことよ。ビビってんじゃねぇ!!」

つ「ありがとうございます!!」

それってワザと？男子カルテ
発酵菌名　ビビリスト菌

発酵度数

60%

周辺環境

彼女	できない
男友達	話が長い
女友達	相談が多い
妹	帰りが遅い
ペット	スコティッシュフォールド
好きなアーティスト	UVERworld

メンタルバランス

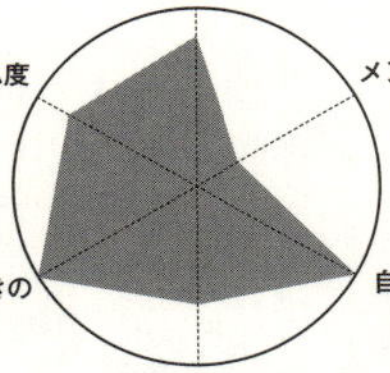
自己愛
メンヘラ
自尊心
落ち着きのなさ
まばたきの多さ
デニム度

あ『ROCKとか、何かに対するアンチテーゼは結局最後は自分に向いているものなの』

つ「へぇ〜！　ということは、これに置き換えると…」

あ『宇宙に集まった二酸化炭素が、土星を2周すると玄米になるってわけ。…ごめん面倒くさくて適当に返事した』

つ「すげえ適当感伝わっちゃうんでやめてください」

あ『相手が自分のことを好きなわけないというアンチテーゼは、**もとをたどれば自分が自分を嫌いってこと**になるのよ』

つ「あーっ、あー、だう」

あ『あら〜、まだ語学デビューは早かったかな？』

つ「うあーっ、ぅ」

あ『要するに、ただのビビリだね！』

つ「なるほど」

あ『**自分の直感を信じられないビビリ**なのよ』

つ「直感では、〝俺のこと好きかも？〟って思ってるってことですね」

あ『でも、なわけないだろ…違うだろって反発しちゃうのよね。ていうか〝ワザとでしょ？〟ってそんなくだらないこと聞いてる暇があったら、**女の唇のひとつでも奪ってみなさいよ！！！**』

つ「うおお、突然の男らしさ!!」

女の理想をアニメやアイドルに見いだす

恋愛離れ男子

俺はそういうのはいいよ(笑)
※すべてのことに自分が入るのを嫌がる
目がクリクリしている
普通にオシャレ
パーカ率が高い そしてインナーにシャツ率が高い
奇抜なファッションは好まない
どこ見てんのかまったくわからないうつろな目
なんかこうつかめない

恋愛ってのはもっと温かみを感じるもの。

いるいる～！　このタイプは**決してモテないタイプじゃないのに恋愛をしない人。**しかしアイドルやアニメのキャラクターには異常に入れ込み、そこに**自分の理想とする女性像を見いだしてしまっています。**はたしてその発酵具合とは？

あ『最近、男性の恋愛離れが深刻らしいわよ』

つ「そうなんですか？」

あ『なんでも、すべてに淡泊な男性が増えてるらしいんだよね～』

つ「ついに草食系が絶食系に…！」

あ『そう、それな』

つ「なんでそんなに恋愛しなくて平気になっちゃったんだろう…別に女子の可愛い子が減ったわけでもないし…むしろ可愛い子が増えてませんか？」

あ『今って、**若い男性に対しての評価がすごく低い時代**なのよね。給料に関してもそうだし、雇用、恋愛の知識…そういうのを持っていない若い男性に魅力を感じなくなっている女性が多いのよ』

つ「確かに…！　若い男性に対して今では〝大変そう〟っていうイメージのほうが大きいかもしれません」

あ『若い女性の需要は昔と変わらないんだけど、今のマイナスイメージの強い**若い男性を女性側が選ばなくなっちゃって。**で、年上の

今回の助言 温かみを思い出せ！

あ「悩める“恋愛離れ男子”のみなさん、あなたを救うのはズバリ“人間の温かみを思い出す”ことよ。恋愛って一方通行じゃねえからな!!」

つ「ありがとうございます!!」

恋愛離れ男子カルテ

発酵菌名 A.I.恋愛菌

発酵度数

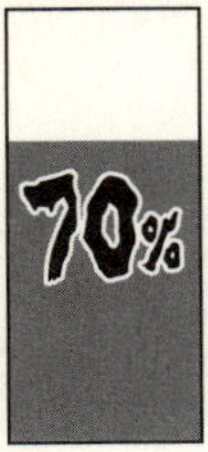

70%

周辺環境

彼女	いらない
男友達	みんな似てる
女友達	みんな似てる
母親	BIG BANG が好き
父親	地方単身赴任中
好きなアーティスト	太森靖子

メンタルバランス

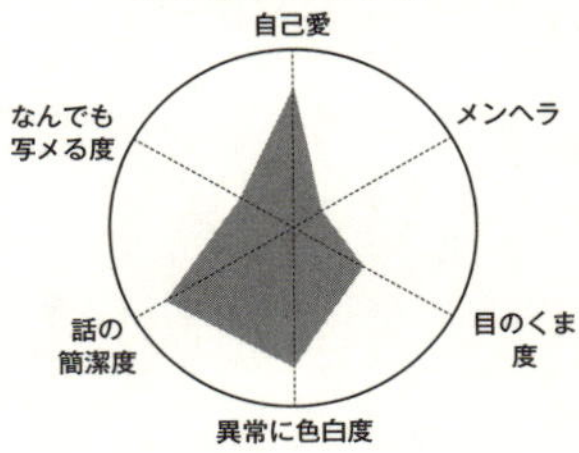

オジサンと不倫とかに走る女性を見て、**若い男性はさらに恋愛に対して萎えちゃう**ってわけ。そうして**恋愛に対して幻滅させないでくれるアイドルとかアニメキャラに熱中していく**』

つ「ああ〜!! 理想の世界を見つけてしまったんですね!!」

あ『そう。つくりものは完璧だからね。そんなのに生身がかなうわけない』

つ「そうかぁ…なんか女性も女性だから一概に男性を責められませんね」

あ『そうだよねえ。でも、**アイドルとかアニメキャラは裏切らないかわりに味方にもなってくれない**から！ それってすごく一方通行な関係だよ』

つ「確かに！ それってもう恋愛じゃねえ…！」

あ『そのとおり!! **恋愛ってのはもっと人間の温かみを感じるもの**なんだよ、戻ってこい、戻ってこいよ男性よ』

つ「カムバック男性!!」

あ『でもそのうちAppleとかがSiri彼女みたいなの出しそうだから、そしたらもう女性はかなわないよね…ちょっとやってみたい気もするし…』

つ「うわ、出そーー！って、あんたも恋愛離れする気かいっ!!」

おわりに

DJあおい

おかげさまで、各種媒体で執筆などをさせていただいているわけですけども。わりと真面目な恋愛論をせっせと書いていることが多いんですよね。よくありがちな『愛される女になる方法』とか『男を夢中にさせる方法』とか…そういう女子ウケ狙いのハウツー的なものにずっと疑問を感じていたんですよ。

愛される方法を模索する前におまえがちゃんと愛せよと、男を夢中にさせる方法を模索する前におまえが上手に夢中になれよと。好きだという気持ちを隠して好きになってもらおうだなんて、図々しいにもほどがあるんじゃないかと。そんなアンチテーゼを原動力にして今日も夜明けまで執筆をしているわけですよ。毎晩毎晩あらゆるタイプの女性を分析しバッサバッサと斬り倒すのがライフワークになっているんです。そこらへんのやり手のイケメンより斬った女性の数は多いと自負しております（意味は違うけどね！）

で、結局何が言いたいのかというと『この本はただの悪口じゃないんだぞ！』と言いたいわけです。『経験に裏づけられた事実を言っているんだぞ！』と言いたいわけです。

そう！　私は今！　一生懸命自己弁護をしているんです！

さ、正当性を確保したところで本題に移ります

いかがでしたでしょうか『発酵女子カルテ』。

当初のコンセプトはあらゆるタイプの発酵女子を優しく清らかに救ってあげることにあったんですよね（うろ覚え）。まぁ、そのコンセプトはギリギリ守れているとは思うのですが明らかにそのウエイトは明後日の方向へ向かってしまいました…。しかしそれでいいんです。いや、それがいいんです。

女性は気に入らない女性を『ブス』のひと言で切り捨ててしまうことがあります。どんなに目鼻立ちが整った美人さんでも性格がブスなら『ブス』というひと言で切り捨ててしまいます。だけどちょっと待って、そのブスはブスというひと言で片づけてしまうにはあまりにももったいないんですよ。拒絶したくなる気持ちもわかりますが勇気を出してもう一歩踏み込んでみてください。そこにその人の発酵している部分があるんです。その人に感じた嫌悪感だったところが『その人の面白いところ』に変わるんです。面白いところは愛すべきところ、この発酵女子カルテとはつまりすべての女性は愛すべき存在なんですよというメッセージが込められたバイブルなのです!!

さ、そんなあとづけ設定はさておき、発酵女子って結構身近にいるんですよね。つい先日も『あの人があなたのことをこんなに悪く言っていたけど私はあなたの味方よ』とわざわざいらない情報を聞かせてなおかつやや上から目線で味方面《づら》をするという『余計なお世話女子』を発見しましたし、散々人の悪口を言ったあとに『まぁ、悪い人じゃないんだけどね』というひと言で締めて悪口を言った自分の罪をチャラにしようとする『悪女になりきれない女子』を発見しましたし、『あなたのためを思って私は怒っているのよ』という免罪符を盾にしてただ自分のためにストレスを発散している『似非シュウゾウ女子』を発見しましたし、『なんで脚が太い女子に限って脚を出すファッションを好むの?』という問いに対して『そのほうが脚が楽なんだよ!!』という見事なキレっぷりをしていた『開き直り無敵女子』を発見しましたし、女『PCフリーズしちゃった、、、どうしよう、、、』男『再起動してみなよ』女『わたし動画観てただけなんだよ? せっかくいいところだったのに、、、』男『うん、再起動してごらん』女『この前もいいところでフリーズしちゃったんだよ、ヒドイと思わない?』男『いやだから再起動してみろって、、、』女『もうほんとストレスたまる!』男『だから再起動、、、』女『ねえ!ちょっと聞いてんの!?』男『再起動しろって言ってんだろ!!!!』女『なんでそんなことで怒るの!? 話くらい聞いてくれてもいいじゃない!!』男『、、、、、、(ア然)』という同調しか求めていない『解決策なんていらない女子』を発見しましたし。周りを見渡せばいたるところに発酵女子はいたりするんですよ。暇なときはぜひ発酵女子を探してみてください。結構面白いのでおすすめです。

あなたの隣にいる人も、
もしかしたら発酵女子かもしれませんよ

つぼゆり

「ねぇつぼゆり。この○○発酵女子ってさぁ…あたしのことだよね？」

この企画を始めた当初から現在に至るまで、いろんな友人に言われてきた言葉です。

もちろん私はすぐにこう答えています。

「そんなわけないじゃん！」

—ソンナワケナイジャン…—

その言葉は実際に思った言葉ですが、私のヘラヘラした表情&必殺「ソンナワケナイジャン」で本当に彼女たちは「そっか！」と納得したのでしょうか。

もし自分だったら、ウッワ～ごまかしたわ。この人絶対ごまかしたわ…そう思うと思います。私に冒頭の質問をしてくださった友人たちもきっとそう思っていたでしょう。

なによ！

でも友人がそう感じたのと同じように、描いている私でさえ「これ自分じゃん…」と思うことがとても多かったです。


もしかしたらこの本を面白がって手にとってくださったあなたも、読み終えてそう思っているかもしれません。そして地味に傷ついているのかもしれません。

でも、筋肉をつけるのだって筋トレして、何回も筋肉を痛めつけて強くなっていきますよね。だから、この本を無事に読み終えたあなたは筋肉でいうところのマッスルコンテスト準優勝者くらいには無事に発酵していると思います。安心して寝てください。

(なにこの着地点)

はぁ…

毎日ふざけたことしかしていないので真面目な文章を書くことに慣れておらず、そろそろ何を書けばいいやらわからなくなってきてしまいました。所詮つぼゆり…頭の中はスタバの新作のことでいっぱいさ。

それでは、アホなことを口走る前に終わりたいと思います。

そうそう。
このパソコンもどうやら発酵してしまったようで…
ついにキーボードのBを打てばブスと出るようになってしまいました。
なんて性格の悪いパソコンなんだ。
しびれるぜ。

電車でブックカバーなしで読めたら「スゲ～!」とか言われそうな本ですが、もし主婦の友社の黒歴史になったとしても、それは夏の太陽がさせたこと。（※現在真冬2016年1月）

それでは、本書が少しでもみなさんに楽しんでいただけましたら幸いです。
この中の発酵女子たちをどうか愛してあげてくださいね。

STAFF
装丁・本文デザイン／高山圭輔
編集・文・イラスト／つぼゆり
編集担当／岡村明（主婦の友社）

DJあおい×
イラストレーターつぼゆりの
発酵女子《はっこうじょし》カルテ

平成28年2月29日　第1刷発行

著者　DJあおい
　　　つぼゆり
発行者　荻野善之
発行所　株式会社主婦の友社
　　　〒101-8911
　　　東京都千代田区神田駿河台2-9
　　　電話　03-5280-7537（編集）
　　　　　　03-5280-7551（販売）
印刷所　大日本印刷株式会社

ISBN978-4-07-414210-1

■乱丁本、落丁本はおとりかえします。お買い求めの書店か、主婦の友社資材刊行課（電話 03-5280-7590）にご連絡ください。
■内容に関するお問い合わせは、主婦の友社（電話 03-5280-7537）まで。
■主婦の友社が発行する書籍・ムックのご注文は、お近くの書店か主婦の友社コールセンター（電話 0120-916-892）まで。
＊お問い合わせ受付時間
月～金（祝日を除く）　9:30 ～ 17:30
主婦の友社ホームページ
http://www.shufunotomo.co.jp/

※本書はWEB「TOKYO CAWAII MEDIA」で2015年6月～12月まで掲載していたものを、加筆・編集し、まとめたものです。